2026
중등 교원 임용
시험 대비

권은성 ZOOM 전공체육

측정통계평가

권은성 편저

박문각
동영상강의 www.pmg.co.kr

박문각

차 례

CONTENTS

PART 01 통계 기술

Chapter 01 기초 통계

01. 측정변인 … 6
02. 중심경향값(집중경향) … 13
03. 분산도(변산도) … 15
04. 집단 차이 분석 … 35
05. 분산분석(변량분석) … 52
06. 교차분석 … 63
07. 통계방법 정리 … 64
08. 연구 설계 타당도에 영향을 미치는 요인 … 65

PART 02 체육 평가

Chapter 01 체육측정평가의 이해

01. 체육측정평가의 기본 개념 … 68
02. 검사의 목적 … 69
03. 검사의 종류 … 71
04. 체육측정평가의 최근 경향 … 72

Chapter 02 규준지향검사의 타당도와 신뢰도

01. 고전진점수이론 … 75
02. 신뢰도 … 80
03. 타당도 … 93
04. 규준 기준 체력검사에서 타당도, 신뢰도 확인 절차 … 102

Chapter 03 준거지향검사의 타당도와 신뢰도

01. 타당도 … 103
02. 신뢰도(분류의 일관성) … 108
03. 준거지향검사의 문제점 … 112
04. 준거 기준 체력검사에서 타당도, 신뢰도 확인 절차 … 113

Chapter 04   학교체육 측정과 평가

01. 학교체육평가의 실태   ··· 114

02. 체육과 교육목표 설정   ··· 116

03. 성적 부여 방법   ··· 117

Chapter 05   수행평가

01. 수행평가의 이해   ··· 118

Chapter 06   검사구성의 원리

01. 심동적 영역 검사의 구성   ··· 123

02. 인지적 영역 검사의 구성   ··· 124

부록   용어 정리   ··· 130

권온성 ZOOM 전공체육
측정통계평가

통계 기술

Chapter 01 기초 통계

01 측정변인

1. 측정변인의 의미

① 측정변인: 측정하고자 하는 대상의 속성
② 추상적 변인: 측정 자료의 비교와 가치 판단

> 변인은 숫자뿐만 아니라 문자로 측정될 수도 있다. 변인이 숫자로 측정되는 경우로 김○○의 50m 달리기 기록이 7.5초라면, 김○○의 50m 달리기 변인의 값은 7.5초가 된다. 운동능력을 상, 중, 하로 구분하여 측정한다면 운동능력이라는 변인은 문자로 측정되는 경우이다. 박○○의 운동능력이 '상'으로 측정되었다면 박○○의 운동능력 변인의 값 또는 수준은 '상'이 된다. 이와 같이, 대상자들에게 어떤 변인을 측정한 숫자나 문자를 변인의 값 또는 수준이라 한다. 성별이라는 변인을 측정하였을 때, '남자'와 '여자'는 변인이 아니라 성별이라는 변인의 값 또는 수준이라는 것을 혼동하지 않도록 한다.

2. 측정변인의 척도

구분	• 다른 특성을 가진 대상자들을 구분하는 것 • 성별, 인종, 이름
서열성	• 측정변인 간 질적/양적 기준으로 대소 관계(크고 작음을 판단할 수 있는 특성) 파악 • 체력검사 등급인 1등급, 2등급, 3등급, 4등급, 5등급이나 100m 달리기 1등, 2등, 3등
동간성	• 측정변인의 차이 대소 비교와 동일간격 크기 비교 • 5배, 10배 더 크다, 작다로 논할 수 있는 특성 • '앉아 윗몸 앞으로 굽히기 기록 15cm와 5cm의 차이는 0cm와 5cm의 차이의 두 배와 같다.' 따라서 앉아 윗몸 앞으로 굽히기는 구분, 서열성, 동간성을 갖는 변인임 • '윗몸일으키기 기록 50개와 40개의 차이는 40개와 35개의 차이의 두 배와 같다.'

절대영점	• 측정변인의 값이 0일 때 이 '0'의 의미가 측정하고자 하는 특성이 '없음'을 의미할 경우 '0'은 절대영점이 됨 • 윗몸일으키기 기록 0개는 윗몸일으키기 능력이 '없음'을 의미하므로 절대영점이라 할 수 있으며 따라서 윗몸일으키기는 구분, 서열성, 동간성, 절대영점의 특성을 모두 포함함

척도	구분	서열성	동간성	절대영점	예
명목척도	○	×	×	×	성별, 등번호
서열척도	○	○	×	×	100m 달리기 순위
동간척도	○	○	○	×	온도, 앉아 윗몸 앞으로 굽히기
비율척도	○	○	○	○	윗몸일으키기 기록

변인을 네 가지 기준에 따라 구분하는 이유는 측정치의 특성에 따라 자료 분석을 위한 통계 방법이 달라지기 때문이다.

3. 척도의 유형 2004년 16번 / 2010년 36번 / 2019년 A 7번 / 2020년 B 8번

(1) 명목척도	① 단순 분류와 대상물의 질적 속성을 구분하기 위한 이름 부여 ② 수는 범주를 나타내며 숫자로서의 의미 없음 성, 인종, 유니폼 등 번호 명명척도 자료로 분석이 가능한 통계적 방법은 빈도, 백분율(%), 최빈치, phi계수, χ^2(카이자승법) 등이다.
(2) 서열척도	① 능력 또는 특성을 서열화하여 등위(수치)를 부여 ② 측정된 변인의 대소 구분 ③ 가감승제 불가능 ④ 상대적인 순위만 표현 체육수업 시간에 측정한 농구 드리블 능력, 체력검사의 등급 연구에서 흔히 사용하고 있는 각종 태도척도는 바로 이 부류에 해당된다. 서열척도인 자료로 분석이 가능한 통계적 방법은 명명척도로 사용 가능한 방법 이외에 중앙치, 사분편차, 등위차 상관계수 등이다.

(3) 동간척도	① 측정변인 간 단위 간격 동일 ② 덧셈 법칙은 성립, 곱셈 법칙 성립 불가 ③ 임의 영점과 임의 단위를 지님 ④ 동간척도로 측정된 변인은 서열성을 포함함 온도, IQ 동간척도인 자료로 분석이 가능한 통계적 방법은 앞의 명명, 서열척도에서 사용할 수 있는 방법 이외에 평균치, 표준편차, 피어슨(Pearson)의 적률 상관계수와 강력한 모수적 통계로 알려진 t검증, 변량분석(ANOVA) 등이다.
(4) 비율척도	① 서열성, 동간성, 절대영점 모두 내포 ② 가감승제 모두 가능 ③ 연속변인은 대부분 비율척도 ④ 척도치의 비율로 비교 가능 거리, 무게, 시간, 신장, 체중 척도별 측정치들은 보기에는 다 같은 숫자이지만 그 수를 의미 있게 수리적으로 처리할 수 있는 통계적 방법은 차이가 있다. 4가지 척도 중 가장 이상적인 것은 비율척도이다. 비율척도일 때 우리는 안심하고 어떠한 통계적 방법도 적용할 수 있다.

4. 속성에 따른 변인 분류

질적 변인	분류를 위한 용어로 정의되는 변인	
	비서열 질적 변수	• 성별 • 인종
	서열 질적 변수	• 학력(초졸, 중졸, 고졸) • 사회경제적 지위(상, 중, 하)
양적 변인	양의 크기를 나타내기 위해 수량으로 표현되는 변인	
	비연속변인	• 윗몸일으키기 기록 • IQ 검사 점수
	연속변인	• 체중 • 신장 • 100m 달리기 기록

5. 연구 설계에 따른 변인 분류(인과관계 변인) 2021년 B 4번

독립변인	• 실험 연구나 조사 연구에서 원인이 되는 변인으로, 종속변인에 영향을 미치는 변인 • 실험연구에서 독립변인은 시간적으로 종속변인이 측정되기 전에 처치(intervene)되며, 조사 연구에서는 독립변인이 의미적으로 종속변인보다 선행되어 인과관계 측면에서 원인이 되어야 함
종속변인	• 실험 연구나 조사 연구에서 결과가 되는 변인으로 독립변인에 의해 영향을 받는 변인
가외변인	• 실험 연구에서 독립변인 이외에 종속변인에 영향을 미치는 변인 • 실험 연구에서 가외변인의 통제가 적절히 이루어져야 함 • 실험 연구에서 가외변인을 통제하는 방법은 모든 대상자의 가외변인의 수준을 동일하게 조절하거나 가외변인을 독립변인으로 분석에 포함시킴 트레이닝 방법 외에 측정대상자의 운동량이 심폐지구력에 영향을 준다면, 측정대상자의 운동량은 가외변인으로 가외변인을 통제하기 위해 가외변인인 측정대상자의 운동량을 같게 하거나 측정대상자의 운동량을 트레이닝 방법과 함께 독립변인으로 분석함
매개변인	• 인과관계 연구에서 독립변인과 종속변인의 매개 역할을 하는 변인으로, 독립변인에게 영향을 받는 종속변인이면서 종속변인에 영향을 주는 독립변인의 역할을 동시에 하는 변인 학력이 월수입에 영향을 주고, 월수입이 스포츠참여율에 영향을 준다면, 월수입은 학력의 종속변인이면서, 스포츠참여율에의 독립변인 역할을 동시에 하는 매개 역할을 함 학력이 높을수록 스포츠참여율이 높다는 가설이 검증되었고, 월수입을 통제하면 즉, 월수입이 비슷한 사람들로 제한했을 때 학력과 스포츠참여율의 관계가 기각된다면 월수입은 학력과 스포츠참여율의 인과관계에서 매개 효과를 갖는 변인임

매개변인	• 매개변인의 효과를 통계적으로 검증하려면 첫째, 독립변인이 종속변인에 통계적으로 유의한 영향을 미치고, 둘째, 독립변인이 매개변인에 통계적으로 유의한 영향을 미치며, 셋째, 매개변인이 종속변인에 유의한 영향을 주는 것으로 전제되어야 함
중재변인	• 독립변인과 종속변인 간 관계의 강도를 다르게 하는 변인

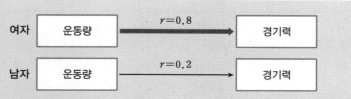

r은 상관계수

경기력에 미치는 운동량의 영향력이 남자보다 여자가 더 크다면, 운동량과 경기력의 관계에서 성별은 중재변인임

• 중재변인의 수준별로 상관계수의 크기를 비교하여 중재변인의 효과를 검증할 수 있고, 그래프를 통해 중재변인의 효과를 쉽게 검증할 수도 있음

트레이닝 방법과 체력의 관계에서 성별의 중재 효과는 그래프를 통해 쉽게 판단함. 두 집단의 트레이닝 방법별 평균점수를 연결한 선이 교차하지 않고 평행에 가까울수록 중재 효과는 없다고 할 수 있으며, 남자는 트레이닝 방법 4에서 평균점수가 높지만 여자는 트레이닝 방법 3에서 평균점수가 높으면 두 선이 교차하여 중재(상호작용) 효과가 있는 것으로 예상됨

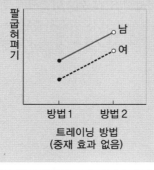

트레이닝 방법
(중재 효과 없음)

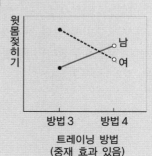

트레이닝 방법
(중재 효과 있음)

6. 특성에 따른 변인 분류

관찰변인	• 직접 측정된 변수로 연구자가 경험적으로 자료를 수집한 변수
잠재변인	• 직접적으로 관찰 및 측정은 할 수 없는 이론적 개념적 변인 • 변인의 특성 및 현상을 포함하는 여러 개의 측정변수들의 측정을 통해 그 존재를 간접적으로 설명할 수 있는 변인

초등학교 3학년 학생집단은 성, 신장, 체중, 기능, 태도 등에서 차이가 있음을 발견할 수 있는데 이러한 특성을 변인이라 부른다. 즉, 성별을 변인이라고 부르는 이유는 남자와 여자로 분류되기 때문이며, 교육수준을 변인으로 부르는 이유는 초등졸, 중졸, 고졸, 대졸 등으로 분류되는 유목을 가지고 있기 때문이다. 한편, 어떠한 특성이 집단의 모든 구성원에게 동일한 것이라면 그러한 특성은 상수라고 부른다. 앞의 초등학교 3학년 학생의 예에서 교육수준, 학년의 특성은 상수가 된다.

통계적 방법은 크게 기술통계와 추리통계로 구분된다. 기술통계는 한 집단의 특성을 수리적으로 요약, 기술해 주는 방법이다. 이 분류에 속하는 통계치는 집중경향치, 변산도, 상관계수 등이다. 추리통계는 전집으로부터 추출된 표본에 의하여 전집의 특성을 추정하는 통계적 방법이다. 다시 말하면 표본에서 얻은 통계치에 의해 전집의 모수치를 추정하는 방법이다. 이 분류에 속하는 통계적 방법은 z, t, F 검증 등이 있다. 실제 연구 상황에서 우리는 통계치를 계산하여 모수치를 추정하는 일이 간단하지 않음을 발견하게 된다. 모수치를 추정하고자 할 때는 먼저 모수치에 관한 가설을 설정하고 표본에서 산출된 표본통계치로부터 모수치를 추정하는 과정이 요구된다. 이러한 과정 속에는 물론 설정된 확률의 범위 내에서 통계치를 해석하는 절차가 포함된다.

02 **중심경향값**(집중경향) 2005년 21번 / 2008년 20번 / 2016년 A 8번 / 2019년 A 10번 / 2023년 A 11번

1. 개념

① 전체 자료의 경향을 대표할 수 있는 하나의 자료로 요약하는 것

② 집단의 점수분포를 하나의 값으로 대표하는 지수

③ 자료의 특징 또는 변인의 척도에 따라 평균치, 중앙치, 최빈치로 구분

2. 중심경향값의 유형

(I) 평균	① 가장 대표적인 중심경향값 $$\overline{X} = \frac{\sum_{i=1}^{N} X_i}{N}$$ ② 한 집단 전체의 점수를 모두 합하여 집단 전체의 사례수로 나누어 준 값 ③ 자료가 변함에 따라 민감하게 반응 ④ 사례수가 적을 때 극단값에 큰 영향 ⑤ 최소한 동간 또는 비율변인자료에 유용 ⑥ 빈도수가 많고(약 7 이상), 분포가 대략 대칭이면 서열자료에서도 사용(일반적으로 사회과학연구, 즉 사례수가 많은 경우는 5점 리커트 척도로 측정된 변인일지라도 평균으로 분석함) 동간성을 담보하지 못하는 서열자료의 경우에는 집단의 특성을 대표하는 값으로 평균을 사용하는 데 주의해야 한다. ⑦ 가장 정확하고 신뢰할 수 있는 값으로 표집오차가 가장 작음 ⑧ 정상분포와 대표치 등의 통계 처리 시 기초자료로 활용

(2) 중앙값	① 측정된 자료를 크기 순서대로 나열했을 때 중간에 해당하는 값 ② 50번째 백분점수(percentile)로 중앙치 위와 아래의 사례수는 동일 ③ 사례수가 홀수이면 (N+1)/2번째 값, 짝수이면 N/2과 (N/2)+1번째 점수의 중간 점수 ④ 서열자료에 유용하며 극단 값의 영향 낮음(극단적인 점수가 있거나 극단적으로 편 포 시 활용) ⑤ 간단한 파악과 편포된 자료에 이용
(3) 최빈값	① 어떤 집단의 점수 분포에서 가장 빈도가 높은 지점의 원점수 ② 최빈값은 0~n개까지 다양 ③ 질적 또는 명명척도에 주로 사용 ④ 체격이나 발의 크기를 조사하는 경우 평균이나 중앙값보다 의미 있는 값으로 사용 ⑤ 산술적 조작 불가능하며 정교하지 못한 집중경향치 ⑥ 신속한 파악을 위한 개략적인 집중경향치 ⑦ 편포, 양봉분포에서 평균치와 중앙치 보충

예제 집중경향치

남자 중학교에서 2학년 학생 9명의 체지방률(%) 자료

> 25, 33, 32, 33, 25, 33, 28, 33, 35

• 평균 :
• 중앙값 :
• 최빈값 :

03 **분산도**(변산도) 2005년 21번 / 2008년 20번 / 2016년 A 8번 / 2019년 A 10번 / 2020년 A 11번

1. 개념

① 한 분포에 있는 점수들이 집중경향으로부터 이탈된 정도
② 분산도가 클수록 분포의 각 점수는 이질적이며, 작을수록 동질적

예제 분산도의 활용

두 반의 팔굽혀펴기 기록에 대한 중심경향값이 동일할 때, 두 반의 팔굽혀펴기 능력은 동일한 것이라고 판단할 수 있을까?

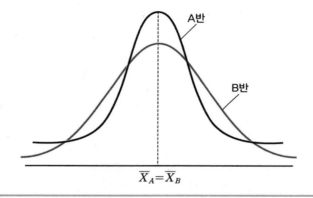

2. 분산도 지수

(1) 범위	① 분포의 흩어진 정도를 가장 간단하고 빠르게 파악하나 통계적인 신뢰성이 가장 낮음 ② 최고값의 상한계에서 최저값의 하한계를 뺀 값으로 연속성을 위한 교정 후 산출 ③ 2개의 점수로 범위 결정 ④ 극단값 영향 높음 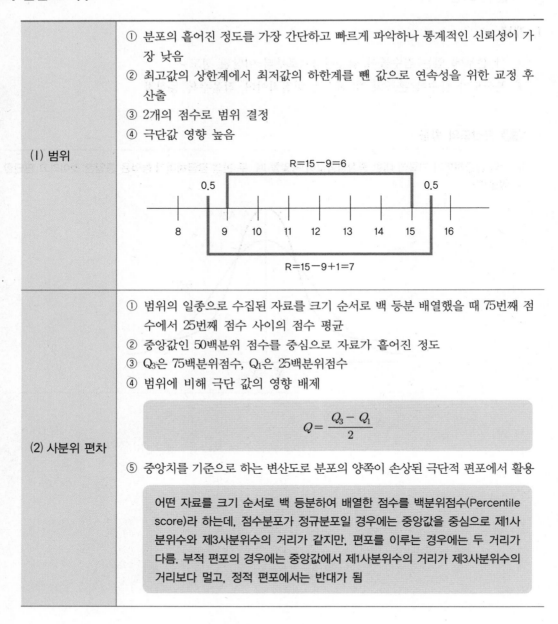
(2) 사분위 편차	① 범위의 일종으로 수집된 자료를 크기 순서로 백 등분 배열했을 때 75번째 점수에서 25번째 점수 사이의 점수 평균 ② 중앙값인 50백분위 점수를 중심으로 자료가 흩어진 정도 ③ Q_3은 75백분위점수, Q_1은 25백분위점수 ④ 범위에 비해 극단 값의 영향 배제 $$Q = \frac{Q_3 - Q_1}{2}$$ ⑤ 중앙치를 기준으로 하는 변산도로 분포의 양쪽이 손상된 극단적 편포에서 활용 어떤 자료를 크기 순서로 백 등분하여 배열한 점수를 백분위점수(Percentile score)라 하는데, 점수분포가 정규분포일 경우에는 중앙값을 중심으로 제1사분위수와 제3사분위수의 거리가 같지만, 편포를 이루는 경우에는 두 거리가 다름. 부적 편포의 경우에는 중앙값에서 제1사분위수의 거리가 제3사분위수의 거리보다 멀고, 정적 편포에서는 반대가 됨

(3) 분산과 표준편차		① 고급 통계기법과 추리통계에서 유용하게 사용되며 통계적인 신뢰성이 가장 높음. 즉, 분산도 추정 오차가 가장 낮은 지수임 ② 분산과 표준편차는 모든 자료를 고려하여 점수의 흩어진 정도를 표현하나 사분위편차보다 극단값에 영향 높음 ③ 측정집단의 차의 정도를 파악하여 정상분포와 유관한 해석에 활용 ④ 표준편차는 집단의 점수가 흩어져 있는 정도 즉, 변산 혹은 변화 정도를 측정하고 비교하는 데 사용하며, 자료와 동일한 측정단위로 표시되기 때문에 절대변산도(absolute measures of variability)를 나타냄 ⑤ 표준편차는 관찰된 자료들이 평균으로부터 떨어져 있는 거리를 기술하기 때문에 내적 변산도를 나타냄 ⑥ 상이한 집단으로부터 얻은 자료의 변산도를 표준편차로 비교하기 위해서는 비교하고자 하는 집단으로부터 얻은 자료의 측정단위가 동일해야 하고, 평균이 유사해야 직접 비교가 가능함
	평균편차	편차의 평균으로 모든 편차 점수를 더한 후에 사례수로 나누어 주어 자료가 평균으로부터 평균적으로 흩어진 정도를 계산한 것 $$\bar{d} = \frac{\sum_{i=1}^{n}(X_i - \overline{X})}{n}$$ 집단의 각 점수들로부터 집단의 평균을 뺀 후에 모두 더하면 평균편차는 항상 0이 되어 점수 분포가 얼마나 흩어져 있는가를 알 수 없게 됨
	분산 (변량)	분산을 계산하면 평균편차와 달리 자료가 평균적으로 흩어진 정도가 특정한 값으로 계산되어 특정 집단을 대상으로 측정된 변인의 분산도를 알 수 있을 뿐만 아니라 서로 다른 집단의 분산도를 비교할 수 있음 표본의 분산(s^2)은 모집단의 분산(σ^2)을 정확하게 예측하지 못하는 단점을 지닌 편의된 추정치(biased estimator) $$s^2 = \frac{\sum_{i=1}^{n}(X_i - \overline{X})^2}{n}$$

(3) 분산과 표준편차	분산 (변량)	표본의 분산이 모집단 분산의 편의되지 않은 추정치($\widehat{\sigma^2}$) 즉, 불편파 추정치(unbiased estimator) $$\widehat{\sigma^2} = s^2 \times \frac{n}{n-1} = \frac{\sum\limits_{i=1}^{n}(X_i - \overline{X})^2}{n-1}$$
	표준 편차	분산에 제곱근을 다시 해주어 평균적으로 자료가 흩어진 정도를 표현 $$S = \sqrt{\frac{\sum\limits_{i=1}^{N}(X_i - \overline{X})^2}{n-1}}$$ 표준편차는 다른 분산도 지수에 비해 표집에 따른 변화, 즉 표집 오차가 가장 작아 모집단의 분산도를 추정하는 데 추정의 오차가 가장 낮은 지수
(4) 변이계수 (CV)		① 수집된 자료의 측정단위가 동일하다고는 할지라도 평균이 차이가 있을 경우의 자료를 비교하기 위해서는 변이계수(혹은 변동계수, Coefficient of Variation: CV)를 적용함 신장과 같은 변인의 경우 평균치가 클수록 표준편차도 커지는 경향을 보이고 있기 때문이다. 따라서 상대적으로 볼 때 신장 평균이 각기 160cm와 180cm인 집단으로부터 동일한 표준편차(예 5)를 얻었다고 해서 이들 집단의 변산도 역시 동일하다고 할 수는 없다. ② 표준편차를 평균의 비율로 나타낸 일종의 상대 변산도 값(relative measure of variability)임 ③ 평균과 표준편차가 함께 변화하는 경우 혹은 측정단위가 상이한 자료의 집단 간 변산도를 비교하고자 할 때 적절하게 사용할 수 있음 ④ 변동계수의 값이 크면 상대적으로 이질적, 작으면 상대적으로 동질적인 것으로 평가함 $$CV = \frac{s}{\overline{X}}$$

3. 점수분포의 모양

(1) 정규분포 (정상분포)	• 대단위 모집단에서 특정변인 측정 시 한 점을 중심으로 좌우대칭의 정규분포 자료획득 • 정규분포 경우 평균, 중앙값, 최빈값 일치 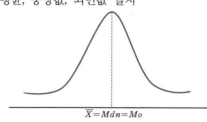 $$\overline{X} = Mdn = Mo$$
(2) 편포	① 부적(좌향) 편포 : 높은 점수를 받은 학생이 많은 상황에서 평균이 가장 낮고 최빈값이 가장 높은 점수로 나타남 $$\mid Q_3 - Mdn \mid \; < \; \mid Mdn - Q_1 \mid$$ ② 정적(우향) 편포 : 낮은 점수를 나타내는 학생이 많은 상황에서 최빈값이 가장 낮고 평균이 가장 높은 점수로 나타남 $$\mid Q_3 - Mdn \mid \; > \; \mid Mdn - Q_1 \mid$$ 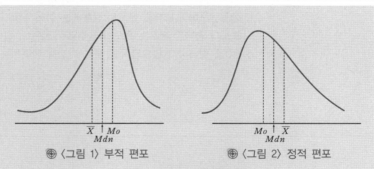 ◈ 〈그림 1〉 부적 편포　　◈ 〈그림 2〉 정적 편포 $$Sk = \frac{\sum_{i=1}^{n} [(X_i - \overline{X})/s]^3}{n}$$ 〈그림 1〉과 같이 평균보다 낮은 점수들의 편차 점수를 모두 더하면 음수이면서 계산된 절댓값이 클 것이고, 평균보다 큰 점수들의 편차 점수를 모두 더하면 양수이면서 계산된 절댓값은 작을 것이다. 결과적으로 편포는 편차 점수들의 3제곱을 한 값을 모두 더한 값이므로 부적 편포를 나타내는 점수분포의 경우 편포(Sk)가 음수로 산출된다. 〈그림 2〉와 같이 점수분포가 정적 편포를 나타내면 공식의 분자로 산출되는 값이 양수가 되어 편포(Sk)가 양수가 된다. 일반적으로 편포는 절댓값이 2.0을 벗어나지 않으면 정규분포를 가정하는 것으로 이해된다.

(3) 왜도 (skewness)	• 자료의 분포 모양이 정규분포에서 얼마나 벗어나 있는가를 재는 척도임
(4) 첨도 (kurtosis)	• 편포와 유사한 개념으로 점수분포의 모양이 정상분포에 비해 뾰족한 모양인지 평평한 모양인지를 나타내는 지수임 • 첨도가 0일 때 정상분포를 가정하며 첨도가 0보다 클 때에는 정상분포보다 뾰족한 모양(leptokurtic curve), 첨도가 0보다 작을 때에는 정상분포보다 평평한 모양(platykurtic curve)이 됨 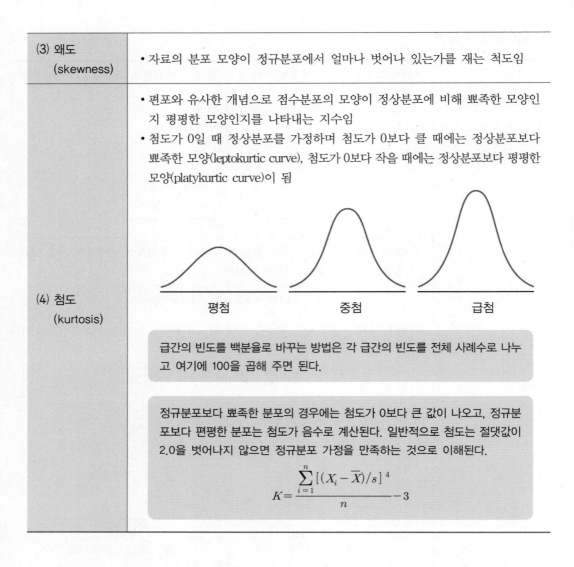 급간의 빈도를 백분율로 바꾸는 방법은 각 급간의 빈도를 전체 사례수로 나누고 여기에 100을 곱해 주면 된다. 정규분포보다 뾰족한 분포의 경우에는 첨도가 0보다 큰 값이 나오고, 정규분포보다 편평한 분포는 첨도가 음수로 계산된다. 일반적으로 첨도는 절댓값이 2.0을 벗어나지 않으면 정규분포 가정을 만족하는 것으로 이해된다. $$K = \dfrac{\sum_{i=1}^{n}[(X_i - \overline{X})/s]^4}{n} - 3$$

4. 변환점수 2003년 15번 / 2010년 38번 / 2012년 37번 / 2013년 37번 / 2014년 A 기입 15번 / 2017년 A 7번 / 2019년 A 7번 / 2021년 A 4번 / 2023년 B 10번 / 2025년 B 2번

⑴ 전체 자료에서 개개인의 점수에 대한 상대적 위치를 평균과 표준편차를 이용하여 산출한 통계치

⑵ 측정 단위가 다른 종목 간 능력 비교와 서로 다른 집단에서 동일한 점수를 얻은 피험자 능력 비교

⑶ 변환점수의 유형

① 백분위수 (백분위점수)	• 측정치를 크기에 따라 백 등분했을 때 각 등분에 해당하는 원점수 • 백분위수에 해당하는 원점수 간 차이는 항상 동일하지는 않음 • 분포모양으로 편포에 대한 정보는 획득하기 어려움 • 두 원점수 간 대소의 비교는 가능하나 구체적인 정도의 차이는 판단 불가 • 백분위수에 해당하는 원점수 간 차이의 서열성 학급의 제자리 멀리뛰기 기록에서 70백분위가 250cm일 때, 250cm보다 낮은 기록을 가진 학생은 학급에 70% 있다. 백분위는 어떤 점수에 해당하는 누가백분율을 말하며, 백분점수는 점수분포에서 어떤 일정한 누가백분율에 해당하는 점수를 말한다. 예를 들면 윗몸앞으로굽히기 검사에서 A라는 학생이 49cm를 기록하였는데, 49cm에 해당하는 누가백분율(전체 사례수 중 49cm 이하를 기록한 학생의 %)이 50%라면 A의 백분위는 50이 되고 또 반대로 백분위 50에 해당하는 백분점수는 49가 된다. P75(백분위로 75에 해당하는 백분점수)를 구한다는 것은 점수분포에서 누가백분율로 75%에 해당하는 사례가 받은 점수가 몇 점인지를 확인하는 것이다. 누가백분율로 75%에 해당하는 사례는 N=180이므로 180×0.75=135가 된다. 즉, 점수를 크기순으로 배열했을 때 아래에서부터 135번째 해당하는 학생이 받은 점수가 된다. 백분점수를 알고 백분위를 구할 때는 먼저 어떤 점수 미만에 놓여 있는 사례를 구하고 이 사례를 전체 사례수로 나눈 후 여기에 100을 곱하면 된다.
② 표준점수	• 평균과 표준편차를 사용하여 원점수 척도(단위)를 동일하게 변환 • 원점수가 동간성 이상의 자료일 경우 활용

(4) 표준점수의 계산

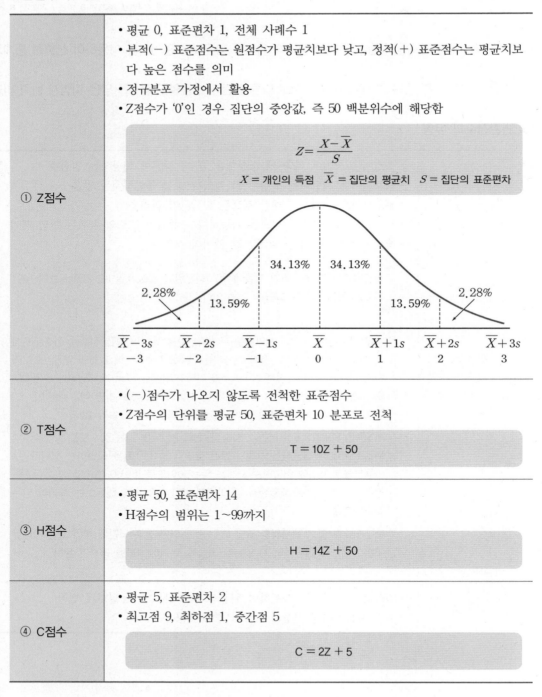

① Z점수	• 평균 0, 표준편차 1, 전체 사례수 1 • 부적(−) 표준점수는 원점수가 평균치보다 낮고, 정적(+) 표준점수는 평균치보다 높은 점수를 의미 • 정규분포 가정에서 활용 • Z점수가 '0'인 경우 집단의 중앙값, 즉 50 백분위수에 해당함 $$Z = \frac{X - \overline{X}}{S}$$ X = 개인의 득점 $\overline{X}$ = 집단의 평균치 S = 집단의 표준편차 34.13% 34.13% 2.28% 13.59% 13.59% 2.28% $\overline{X}-3s$ $\overline{X}-2s$ $\overline{X}-1s$ $\overline{X}$ $\overline{X}+1s$ $\overline{X}+2s$ $\overline{X}+3s$ −3 −2 −1 0 1 2 3
② T점수	• (−)점수가 나오지 않도록 전척한 표준점수 • Z점수의 단위를 평균 50, 표준편차 10 분포로 전척 T = 10Z + 50
③ H점수	• 평균 50, 표준편차 14 • H점수의 범위는 1~99까지 H = 14Z + 50
④ C점수	• 평균 5, 표준편차 2 • 최고점 9, 최하점 1, 중간점 5 C = 2Z + 5

(예제) 백분위와 표준점수

항목	앉아윗몸앞굽히기	50m 달리기 기록
학급	평균 11cm 표준편차 2cm	평균 7.0초 표준편차 2.0초
개인 학생 기록	10cm	7.5초
Z점수		
백분위수		

5. 상관관계 2013년 39번 / 2014년 A 14번 / 2015년 A 10번 / 2016년 A 3번 / 2020년 B 8번 / 2021년 A 11번 / 2022년 B 10번 / 2023년 A 2번 / 2025년 B 2번

(1) 적률상관 의미	① 두 변수가 모두 연속변수(팔굽혀펴기 기록 혹은 턱걸이 개수 등)일 때 변수 간 관계의 강도 ② 한 변인에 관한 자료로 다른 변인을 예측 ③ 신뢰도와 타당도 개념 이해에 활용 ④ 자료가 서열척도(주로 경기순위 혹은 성적등수)일 때는 스피어만의 순위 상관계수 사용 ⑤ 영향요인 • 두 변인 간의 직선적 관계 기본가정 • 점수분포의 동질성으로, 어느 한쪽 혹은 두 변인의 점수분포 범위가 좁을수록 분포의 변량이 감소되며 분포의 변량이 적어지면 상관계수 감소 • 표집된 사례수가 적으면 계산 결과 얻은 상관계수 비신뢰
(2) 상관의 정도	① 피어슨의 상관계수 r로 표기 ② r은 관계의 정도와 방향에 따라 -1.0부터 $+1.0$까지의 값으로 표현 (완전부적상관) $-1.0 \leqq r \leqq 1.0$ (완전정적상관) $r=0$ (두 변인 간에 직선적인 관계가 전혀 없으므로 X변인이 변하는 양과 Y변인이 변하는 정도의 관계가 무선적으로 나타남) 상관계수의 부호는 관계의 방향을 뜻하며, 상관계수는 -1.00부터 $+1.00$ 사이의 값으로 나타나며 계수의 절대치는 관계의 정도를 의미함 • 악력과 턱걸이의 상관 1.0은 악력이 강할수록 턱걸이 기록 증가를 의미함 • 체지방률과 오래달리기 기록 -0.8의 상관은 체지방률이 높을수록 오래달리기 기록이 저조함을 의미함

(3) 산포도	두 변인 간의 관계를 2차원의 X−Y 좌표 그래프로 표현하여 관계의 강도(상관계수 크기)를 파악

두 변인 간의 관계를 2차원의 X−Y 좌표 그래프로 표현하여 관계의 강도(상관계수 크기)를 파악

$(a)r=+0.7$ $(c)r=-0.7$ $(e)r=0.0$

$(b)r=+1.0$ $(d)r=-1.0$

상관계수 범위	언어적 표현
.00 ~ .20	상관이 거의 없다.
.20 ~ .40	상관이 낮다.
.40 ~ .60	상관이 있다.
.60 ~ .80	상관이 높다.
.80 ~ 1.00	상관이 매우 높다.

(4) 상관의 표현

상관계수는 두 변인이 공통으로 변하는 방향과 정도를 수치로 표시한 것이다. 그러나 상관계수는 측정치가 아닌 일종의 지수이기 때문에 대소 구분은 가능하지만 계수 간에 가감승제는 할 수 없다. 즉, 상관계수는 서열척도와 같은 것이다. 예를 들어, 상관계수가 .50이라 해서 .25보다 배가 된다고 할 수 없으며 .50에서 .70으로의 증가량과 .20에서 .40으로의 증가량이 같다고 해석할 수 없다.

상관계수가 얼마나 되어야 높은 상관이라고 할 수 있는가의 문제는 상관계수를 사용하는 목적이나 자료의 특성에 따라 달라진다. 상관계수를 해석할 때에는 상관계수에 영향을 주는 두 변인의 분산정도, 결정계수, 측정대상자의 수 등 여러 요인들을 고려한다.

① 두 변인 간에 중복되어 설명되는 분산의 정도를 수치화한 결정계수는 두 변인의 상관을 제곱한 값(r^2)으로 계산함
② 상관계수는 두 변인 간의 관련 정도를 비율(혹은 백분율)로 설명 가능하며 이때 상관계수를 백분율처럼 해석하기 위해서는 상관계수를 자승(제곱)해야 함
③ 전체변량에 대한 변량의 비 혹은 전체변량 중 두 변인이 공통적으로 관련되어 있는 변량비율을 의미함

(5) 결정계수

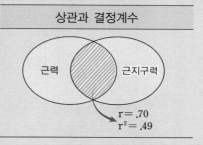

- 근력검사와 근지구력검사 간에 r이 .70 즉 $r^2 = .49$

상관과 결정계수

근력   근지구력

r = .70
r² = .49

- 전체변량(100%) 중 근력검사와 근지구력검사가 공통적으로 관련되어 있는 변량은 49%
- 근력검사의 전체변량 중 49%는 근지구력검사로 설명 가능

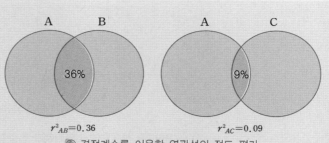

A   B   A   C

36%   9%

$r^2_{AB}=0.36$ $r^2_{AC}=0.09$

◉ 결정계수를 이용한 연관성의 정도 평가

A와 B의 상관계수가 0.6이고, A와 C의 상관계수가 0.3이라 할 때, A는 C보다 B와 두 배 더 강한 관련성을 갖는다고 주장하는 것은 잘못된 판단이다. 왜냐하면, 그림과 같이 A와 B의 r^2은 0.360이고, A와 C의 r^2은 0.09가 되어 B가 A와 중복되어 설명하는 분산이 C가 A와 중복되어 설명하는 분산의 4배가 되기 때문이다. 이와 같이 변인 간 연관성의 정도를 평가할 때에는 r의 크기를 단순히 비교하는 것보다 r^2을 활용하는 것이 바람직하다.

① 상관은 두 변인이 함께 변하는 정도로 두 변수가 동시에 변하는 정도를 의미하는 공분산 개념을 적용하여 계산

② 한 변수의 편차 점수가 클 때 다른 변수의 편차 점수도 크고, 한 변수의 편차 점수가 작을 때 다른 변수의 편차 점수도 작으면 공분산 값 증가

$$s_{XY} = \frac{\sum (X_i - \overline{X})(Y_i - \overline{Y})}{n}$$

(6) 상관의 계산

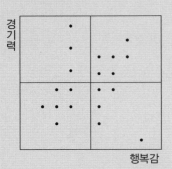

		경기력	
		평균 이상	평균 미만
집중력	평균 이상	7	2
	평균 미만	1	10

		경기력	
		평균 이상	평균 미만
행복감	평균 이상	6	5
	평균 미만	3	6

※ 그림에서 동그라미는 동일한 값이 두 번 측정된 경우임

- 두 변인 간 산포도에서 경기력과 집중력은 상관이 높고 행복감과 경기력은 상관이 낮음
- 상관이 높은 경기력과 집중력 변인의 경우에는 두 변인에서 모두 평균 이상인 경우와 평균 미만인 경우가 많고, 상관이 낮은 행복감과 경기력의 경우에는 평균을 중심으로 구분한 4가지 범위에 골고루 분포됨
- 각 변인에서 평균을 중심으로 구분했을 때, 한 변인에서 평균보다 클 때 다른 변인도 평균보다 크고, 한 변인에서 평균보다 작을 때 다른 변인도 평균보다 작으면 상관은 크게 나타남

③ 공분산의 계산은 모든 사례수에 대해 X 변인의 편차와 Y 변인의 편차를 곱한 후 총 사례수로 나눔. 이때, 공분산은 실제로 $-\infty$에서 $+\infty$의 값을 갖게 되어 해석이 곤란함

	④ 피어슨 상관계수 계산하는 공식을 유도하여 공분산계산의 문제점을 개선함 $$r_{XY} = \frac{s_{XY}}{s_X s_Y}$$
(6) 상관의 계산	⑤ 상관계수는 두 변인의 공분산을 두 변인의 표준편차로 나누어준 값, 즉 두 변인의 공분산을 표준편차로 나누어 상관을 계산 $$r_{XY} = \frac{s_{XY}}{s_X s_Y} = \frac{\frac{1}{n}\sum(X_i - \overline{X})(Y_i - \overline{Y})}{s_X s_Y} = \frac{1}{n}\sum z_X z_y$$ ⑥ z_x와 z_y는 두 변인의 표준점수로 두 변인 X, Y의 상관을 두 변인의 Z점수 곱의 평균으로 해석 ⑦ 한 변인의 Z점수가 클 때 다른 변인의 Z점수가 크고, 한 변인의 Z점수가 작을 때 다른 변인의 Z점수가 작으면 두 변인 간 상관은 증가됨
(7) 피어슨의 적률 상관계수(r) 활용 시 주의사항	① 측정변인 간 관계가 선형성(linearity) 선형성이란 A변인이 증가할 때 B변인이 증가하거나 감소하는 경향을 보이는 것을 의미한다. 만약, A변인이 증가할 때 B변인도 증가하다가 어느 지점부터 감소하거나 A변인이 증가할 때 B변인도 감소하다가 어느 지점부터 증가하는 경우는 선형성을 가정할 수 없다. 따라서 두 변인 간 관계를 파악하기 위해 상관계수를 활용하려면 측정된 자료의 산점도를 통해 선형성을 확인하는 것이 필요하다. ② 등분산성(homo-scedasticity) 두 변인 간 관계를 나타내는 산점도를 통과하면서 두 변인 간 관계를 대표하는 직선을 그었을 때, 독립변인의 어떤 지점에서도 직선을 기준으로 하여 종속변인의 흩어진 정도가 같은 것을 등분산성이라 한다. 이와는 대조적으로 독립변인이 증가함에 따라 종속변인의 흩어진 폭이 넓어지거나 좁아지는 경향을 보이면 이분산성(heteroscedasticity)이라 한다. 이분산성의 경우 상관관계가 매우 낮은 것으로 나타날 것인데, 이 경우에 두 변수 간 상관이 거의 없는 것으로 해석하기보다는 독립변인이 증가함에 따라 종속변인이 어떻게 변화해 가는지를 설명하는 것이 더 적합하다.

(8) 상관계수의 유형	피어슨의 적률상관계수(r)	피어슨의 r은 두 변인 간의 관련정도를 기술하는 데 사용될 수 있는 가장 일반적인 지수이다. r을 계산하기 위해서는 두 변인이 다 같이 동간척도 이상의 연속적인 것이어야 하며, 회귀선이 직선적이어야 하고, 회귀선을 중심으로 각 급간의 동변량성이 유지되어야 한다.
	스피어만의 등위차 상관계수	등위차 상관계수는 두 변인의 측정치가 서열척도이고 등위로 표시되어 있을 때 적용할 수 있는 적률상관계수의 특수한 예이다.
	파이계수	두 변인이 비연속변인이면서 두 유목으로 양분되어 있을 때 적용할 수 있는 피어슨 r의 특수한 예이다. 성별과 평가방법선호(주관식, 객관식) 간의 상관관계를 조사한다고 가정해 보자. 두 변인은 모두 비연속변인이면서 양분되어 있기 때문에 각각에 1 혹은 0(여=1, 남=0 : 주관식=1, 객관식=0)의 값을 부여하는 것은 임의로 결정한 것이다.
(9) 상관계수의 활용	① 한 검사를 두 번 시행하여 측정된 검사점수 간 상관이 높으면 검사의 신뢰도가 높은 것으로 판단함 ② 준거검사와 현장개발검사점수 간 상관이 높으면 현장개발검사의 타당도가 높은 것으로 판단함	

6. 회귀분석 2024년 A 11번

(1) 의미	① 하나 또는 둘 이상의 독립변인으로 종속변인을 예측하고자 할 때 기존 자료로부터 회귀식을 산출하여 산출된 회귀식의 정확도와 여러 모수들의 유의도를 검정하는 방법 ② 스포츠 분야에서 독립변인과 종속변인 간 인과관계를 분석할 때 매우 유용함 • 건강체력센터에서 건강운동관리사가 대상자의 피하지방 두께로 체지방률(%) 예측 • 체육교사가 올해 측정한 학생들의 체력검사 점수로 내년도 학생들의 체력검사 점수 예측 ③ 변인들의 상관(공분산)계수와 표준점수를 이용하여 종속변인을 추정하는 공식을 재구성하여 관련성을 분석하는 통계기법 표준점수의 평균은 0, 표준편차는 1이므로 회귀식의 기울기 b=r이 되며, y절편은 0이다. 따라서 독립변인 X의 표준점수로 종속변인 Y의 표준점수를 추정하는 표준 추정식은 $z_Y = r_{XY}(z_X)$로 단순화된다. ④ 독립변인이 하나일 때는 단순회귀분석, 독립변인이 여러 개인 경우는 다중 또는 중다회귀분석(multiple regression analysis)을 이용함 • 두 개 이상의 독립변수들과 하나의 종속변수 간의 관계를 분석하는 것으로, 여러 개의 독립변수가 하나의 종속변수를 얼마나 예측하고 설명하는지를 분석하는 통계방법 • 독립변수들 중 어느 변수가 종속변수에 유의미한 영향을 미치는지 여부와 그 영향력의 크기를 알아보는 데 목적이 있다. • 대학수학능력시험 성적, 고등학교 생활기록부 성적, 면접고사 성적이 대학 입학 후 학점(GPA)에 미치는 영향 또는 '수학 학습동기, 수학 태도 및 수학 불안이 수학 성적에 미치는 영향' 등의 연구

(2) 통계적 가정	회귀분석을 통해 산출된 회귀식을 통해 추정된 값들이 불편파 추정치(unbiased estimator)가 되기 위한 측정된 점수의 가정이 필요함 ① 첫 번째 가정: 독립변인과 종속변인 간 직선적인 관계 상관에서 설명한 산점도를 통해 두 변인 간의 관계 유형(선형 또는 비선형)을 알 수 있으므로, 회귀분석을 하기 전에 독립변인과 종속변인 간 산점도를 통해 직선적 관계를 검토할 수 있다. ② 두 번째 가정: 두 변인들이 연속변인으로 측정된 자료 측정된 자료가 선형성과 연속변인이어야 한다는 가정은 상관 분석에서 요구되는 가정과 같다. ③ 그 외에 요구되는 가정: 오차와 관련된 것 오차의 평균은 0이고, 모든 오차항들의 분산은 같으며, 오차항들은 서로 독립이며 정규분포를 따른다.

① 회귀분석을 통해 최종적으로 얻어지는 결과

> $\hat{Y} = b_0 + b_1 X$ 회귀선의 일차방정식에서
> - X는 독립변인, $\hat{Y}$은 종속변인 추정치
> - b_1은 회귀선의 기울기로 X변수가 1단위 변할 때 Y변수가 변하는 정도를 나타내는 회귀계수
> - b_0는 X가 0일 때 Y의 값으로 Y절편(intercept)

② 회귀분석을 통해 산출되는 회귀식의 계수 b_0와 b_1 결정

> 두 변인의 관계를 나타내는 산점도를 통과하는 수많은 직선 중에서 산점도를 대표하는 직선을 그리고, 이 직선을 나타내는 회귀식에 의해 결정된다. 두 변인의 관계를 나타낸 산점도를 대표하는 직선은 많은 점들을 적절히 대변하도록 X의 평균과 Y의 평균을 동시에 지나면서 산점도의 중간 부분을 지나게 된다. 이 직선은 통계적으로 최소자승법(method of least square) 이론에 기초하여 생성된다.

③ 최소자승법

> 예측오차의 제곱합 $|\Sigma(\hat{Y} - Y)^2|$이 최소가 되는 회귀선을 구해서 b_0와 b_1을 찾는 방법이다. 즉, 회귀분석에 이용된 대상자들의 X점수를 회귀식에 대입했을 때 산출되는 예측된 Y점수($\hat{Y}$)와 실제 Y점수의 차이를 제곱하여 모두 더한 값이 최소가 되는 b_0와 b_1을 찾는 방법이다.

(3) 회귀식 산출

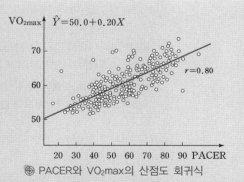

◉ PACER와 VO₂max의 산점도 회귀식

30대 성인 남자 300명의 20m 왕복오래달리기(PACER)와 최대산소섭취량(VO₂max) 간 관계를 나타내는 산점도와 최소자승법의 원리에 의해 산점도를 대표하는 직선이 위 그림과 같다면, 이 직선을 나타내는 일차방정식이 회귀식이 된다. 이 회귀식은 20m 왕복오래달리기 점수로 최대산소섭취량(VO₂max) 점수를 예측하는 최선의 직선이 된다.

① 결정계수(R^2; coefficient of determination)는 예측의 표준오차와 함께 회귀식의 적합도(goodness of fit)를 평가하는 지수로, 회귀식이 흩어져 있는 자료들을 잘 정리하고 요약하였는지 즉, 종속변인에 대한 독립변인의 설명력을 나타냄

> PACER 점수로 VO₂max점수를 예측하는 회귀식의 R^2이 0.64라면, VO₂max의 총변화량의 64%를 PACER 변수가 설명한다고 해석된다.

② 회귀분석에서 R^2의 계산

$$R^2 = \frac{\sum(\widehat{Y_i} - \overline{Y})^2}{\sum(Y_i - \overline{Y})^2} = \frac{SS_R}{SS_T}$$

분모는 측정대상자의 Y_i점수에서 Y_i점수의 평균($\overline{Y}$)을 뺀 점수를 제곱하여 모두 더한 값 |$\sum(Y_i - \overline{Y})^2$|으로 Y변수의 총변동(total variation) 혹은 총변화량 Y변수의 총변화량(SS_T)은 회귀식에 의해 설명된 회귀제곱합(SS_R; sum of squares due to regression) |$\sum(\widehat{Y_i} - \overline{Y})^2$|과 회귀식에 의하여 설명되지 않는 오차제곱합(SS_E; sum of squares due to error) |$\sum(Y_i - \widehat{Y_i})^2$|으로 구성됨
분자인 편차제곱합(SS_R)은 측정대상자의 X_i점수를 회귀식에 대입하여 예측한 Y_i값($\widehat{Y_i}$)에서 실제 Y_i값들의 평균($\overline{Y}$)을 뺀 점수를 제곱하여 모두 더한 것

③ R^2은 측정대상자들의 종속변수인 Y변수의 총변화량 중에서 회귀식에 의해 설명된 변화량(explained variation)의 비율을 의미함

④ R^2은 회귀선의 기울기인 b_1계수의 크기와 관계없이 회귀선에 점들이 얼마나 가까이 있는가에 따라 그 크기가 결정됨

> 20m 왕복오래달리기로 최대산소섭취량을 예측하는 회귀식의 R^2이 0.99라면, 최대산소섭취량의 변화량의 99%가 산출된 회귀식에 의해 설명된다고 해석할 수 있고, 거의 모든 점들이 회귀선 위에 있다고 할 수 있다. 반면, 회귀식의 R^2이 0.30이라면, 0.99인 경우보다 흩어진 점들이 회귀선과 멀리 멀어져 있게 된다.

⑤ R^2은 0과 1 사이의 값을 가지며, 1에 가까울수록 종속변인에 대한 독립변인의 설명력이 큼

> 체육 분야에서도 실험 연구와 조사 연구 등에서 측정된 자료의 특성에 따라 그 기준은 달라질 수 있지만, 종속변인에 대한 독립변인의 설명력이 50%는 넘어야 회귀식의 적절성을 수용하기도 한다. R^2이 0.50 이상이 되려면 독립변인과 종속변인 간 상관이 절댓값 0.7보다 커야 하는데, 스포츠 분야에서 두 변인 간 상관이 절댓값 0.7을 초과하는 경우는 흔치 않다.

(4) 결정계수

① 추정의 표준오차(SEE; standard error of estimation, 또는 $s_{y \cdot x}$)는 진술한 R^2과 함께 회귀식의 정확성 정도를 나타내는 지수로 예측의 표준오차라고도 함

> 복부의 피하지방 두께(mm)로 체지방률(%)을 예측했을 때 추정의 표준오차가 대퇴의 피하지방 두께로 체지방률을 예측했을 때보다 작으면, 대퇴 피하지방 두께보다는 복부의 피하지방 두께가 체지방률을 예측하는 데 더 정확한 변인이 된다.

② 추정의 표준오차란 회귀식에 의해 추정된 값과 실제 값의 차이인 오차들의 표준편차인 $s_{y \cdot x}$로 표기함

> 회귀식에 의해 설명되지 않는 오차제곱합(SS_E)은 실제 Y_i값과 회귀식에 의해 추정된 값($\hat{Y}$)의 차이인 오차를 제곱하여 모두 더한 값$[\sum (Y_i - \hat{Y})^2]$으로 회귀식에 의한 추정치의 오차 정도를 의미한다. 표본의 분산(s^2) 계산 시 분모에 자유도 $n-1$을 대입하는 것과 유사하게 오차제곱합을 자유도로 나누어 주면 평균적인 오차제곱합이 계산될 것이고, 이를 평균오차제곱합(MSE; mean squares of error)이라 한다.

③ 추정의 표준오차($s_{y \cdot x}$)는 평균오차제곱합(MSE)의 제곱근으로 회귀식에 의한 추정치($\hat{Y}$)를 기준으로 한 Y_i값들의 표준편차

④ $s_{y \cdot x}$ 계산 공식

$$s_{y \cdot x} = \sqrt{\frac{\sum (Y_i - \hat{Y_i})^2}{n-2}}$$

> 제곱근의 분모에 오차제곱합의 자유도로 $n-2$가 대입된 것은 단순회귀분석에서 회귀계수가 b_0와 b_1으로 두 개이기 때문이다.

$$s_{y \cdot x} = s_y \sqrt{1 - r^2}$$

> 추정의 표준오차를 공식과 같이 계산할 수 있는 이유는 단순회귀분석에서 Y변인의 총변화량 중 회귀식에 의해 설명되지 않는 오차분산이 1에서 회귀식에 의해 설명되는 분산, 즉 $r_{xy}{}^2$을 뺀 것과 같기 때문이다.

(5) 추정의 표준오차

📍 파이계수(ϕ) 계산 예

피험자	성별 X	평가선호 Y	X^2	Y^2	XY
A	1	1	1	1	1
B	1	1	1	1	1
C	1	0	1	0	0
D	1	1	1	1	1
E	1	1	1	1	1
F	0	0	0	0	0
G	0	1	0	1	0
H	0	1	0	1	0
I	0	0	0	0	0
J	0	0	0	0	0
Σ	5	6	5	6	4

1=여자, 0=남자　1=주관식, 0=객관식

📍 파이계수(ϕ) 계산을 위한 사간표

		성별		계
		남	여	
평가방법선호	주관식	2	4	6
	객관식	3	1	4
계		5	5	10

📍 X, Y 변인별 측정치 척도별로 적합한 상관계수

		X변인의 측정치 척도			
		명명－비연속	명명－연속	서열	동간/비율
Y 변인의 측정치 척도	명명－비연속	1. ① phi(ϕ) 계수 ② 유관계수			
	명명－연속	5. ※	2. 사관상관계수		
	서열	8. 등위양분상관계수 r_{rb}	6. ※	3. ① 스피어만(Spearman)의 상관계수(ρ) ② 켄달(Kendall)의 Tau(τ)	
	동간/비율	10. 양류상관계수 r_{pb}	9. 양분상관계수 r_b	7. ※	4. 피어슨의 r

※는 아직 규명되지 않은 상관계수

04 집단 차이 분석

1. 모집단과 표집

(I) 전집과 표집

① 전집(모집단)

대한민국 전체 중학생의 신장에 대한 연구는 대한민국 전체 중학생이 전집, 즉 모집단이 되며 여기서 얻은 측정치를 '모수치'라고 표현한다. 연구는 대한민국 전체 중학생의 신장을 표본으로부터 얻은 수치로 추정한다.

② 표집(sampling)

표집은 모집단을 대표하는 표본을 선정하는 과정이며, 전집으로부터 일부를 표집하여 얻은 측정치를 '통계치'라고 표현한다. 즉, 표본을 추출하여 표본 자료가 가진 추정치를 통하여 모집단의 모수치를 추정하는 것이다. 따라서 모수에 대한 추정이 정확하게 이루어지려면, 충분한 수의 표본이 수집되거나 모집단의 특성을 잘 대표할 수 있는 표본이 선정되어야 한다.

(2) 표집방법

① 확률적 표집: 표본추출에서 전집의 모든 사례가 동일한 확률을 가지고 있음을 전제함

단순무선 표집	전집의 모든 사례가 표본으로 추출될 확률이 동일하며 전집으로부터 어느 사례를 추출하든 추출결과는 다른 사례의 표집에 영향을 미치지 않음 • 전집이 5,000명인 운동선수 집단으로부터 100명을 표집할 경우 각각의 사례가 뽑힐 확률이 1/50이 되도록 표집 • 5,000명의 이름(혹은 번호)을 적어 통속에 넣고 고르게 섞어 100명을 뽑은 것 • 난수표를 이용하여 5,000명 중 100명을 뽑기 위해서는 먼저 5,000명에게 1번부터 5,000번까지 번호를 부여한 후 여기에서 100명을 추출
체계적 표집	전집의 전체 사례에 일련번호를 부여한 후 일정한 표본추출 간격에 따라 표본을 추출하는 방법 • 전집 10,000명 중에서 100명을 뽑는다면 표본분수는 100/10,000 혹은 1/1000이 되며, 따라서 전집 100명당 1명인 매 100번째에 해당하는 사람 추출, 즉 전집의 크기(10,000명)를 표본의 크기(100명)로 나눈 값(소수가 나오면 버림)인 100을 간격으로 설정한 후 1번부터 100번 사이에서 어느 한 사례를 무선적으로 표집
유층 표집	전집을 동질적인 일련의 하위집단으로 나누고, 각 하위집단에서 적절한 수의 표본을 뽑아내는 방법 • 지역별, 성별, 연령별 등의 각 부분집단에서 무선적으로 표집하여 이런 요인들의 각 부분 집단이 골고루 표집
군집 표집	전집을 이질적 속성을 지닌 몇 개의 군집(또는 집락)으로 나눈 다음 각 군집으로부터 표본을 무선 추출하는 방법 • 농촌 사람의 체력수준을 파악하기 위해 어느 부락을 무선적으로 선정하고 부락민 전체를 표집 하는 방법
다단계 표집	표본추출 단위가 최소한 둘 또는 그 이상 요구될 때 각 단계별로 무선추출법의 어떤 한 형태를 사용하여 표본을 추출하는 방법 • 전국 고등학교 남학생들의 기초체력을 조사한다고 할 때 제1단계 표집 단위로서 학생 수에 비례하여 무선적으로 한 도를 선정하고, 제2단계 표집 단위로서 선정된 도내에서 다시 학생 수에 비례하여 무선적으로 시·군내에서 고등학교를 같은 방법으로 선정하고, 다시 최종 표집 단위로서 선정된 학교 내에서 무선적으로 학생을 표집하는 방법

② **비확률 표집**: 연구자의 주관적 판단에 의하여 임의로 표본을 추출하는 방법으로서 전집으로 부터 개별의 요소들이 추출될 확률을 객관적으로 결정할 수 없는 부득이한 경우에 사용

우연적 표집	조사자가 어떤 특별한 표본추출 계획 없이 우연히 입수한 자료 또는 대상들을 표본으로 사용하는 방법
할당 표집	전집의 여러 속성을 대표할 수 있는 몇 개의 유목으로 분류한 뒤에 각 유목별로 표본사례수를 할당하여 이에 해당하는 표본사례수만큼 임의로 추출하는 방법
의도적 표집	연구자의 주관적 판단에 의하여 전집을 대표할 수 있다고 여겨지는 사례들을 전집에서 선정하여 이를 표본의 사례로 삼는 방법

(3) 배정방법

① **단순무선 배정**: 많은 수의 피험자를 몇 개 집단에 무선 배정하고자 할 때 적절하게 이용할 수 있는 방법

> 동전 던지기를 해서 앞면이면 A집단(혹은 실험집단), 뒷면이면 B집단(혹은 비교집단)으로 배정하거나 난수표, 카드 뽑기, 무선배정표 등을 이용하여 단순무선 배정할 수 있다.

② **무선구획 배정**: 독립변인 이외에 종속변인에 영향을 미치는 가외변인을 통제하기 위한 목적으로 무선배정 실시, 즉 연구결과에 영향을 미칠 수 있다고 판단되는 외적변인에 구획을 설정하여 종속변인의 전체변량 중 외적변인이 차지하는 변량을 제외하여 연구의 통계 검증력 확보

> **적용**
>
> 농구의 자유투 학습에 관한 실험을 수행한다고 가정해 보자. 연구자는 2가지 서로 다른 학습방법이 자유투 성공률에 미치는 효과를 검증하기 위하여 피험자를 두 실험처치 조건에 무선 배정하였다. 이때 피험자는 대학생으로서 교양체육 과목을 수강한 132명이라고 가정하자. 이들 피험자는 두 실험조건에 각각 66명씩 무선 배정하였다. 그러나 이들 132명의 피험자는 전집(대학생 전체)에서 무선 표집된 것이 아니다. 이들은 교양체육 과목을 수강함으로써 불가피하게 피험자가 된 것이다. 이와 같이 피험자의 선정이 무선 표집이 아니고 단지 실험처치 조건에 무선 배정을 한 경우에 대해서도 우리는 통계적 추론을 통하여 실험 처치의 효과가 있는지의 여부를 검증할 수 있다. 실험처치의 효과가 있는지의 여부는 두 집단의 평균 간에 차이가 있는지에 대한 통계적 추론을 통하여 검증할 수 있다. 두 평균치에 차에 관한 검증과정은 단일 평균에 관한 검증과정과 동일하다.

2. 가설 검정 2006년 23번 / 공청회 17번 / 2010년 37번, 39번 / 2011년 37번 / 2011년 2차 4번 / 2013년 40번 / 2017년 B 2번 / 2018년 A 10번 / 2021년 B 4번 / 2022년 B 5번

통계적 가설과 유의수준을 설정한 후에는 검정통계치(test statistics)를 구해야 하는데, 검정통계치는 가설 검정을 위하여 표본 자료를 통해 구한 통계치이다. 검정통계치는 검정하려는 모수(예 μ)와 모집단의 분포, 알고 있는 모수치의 정보에 따라 달라진다. 만약, 정규분포를 따르는 모집단 평균(μ)을 검정하는데 모집단의 분산(σ^2)을 안다면 Z검정을 하고, σ^2을 모른다면 t검정을 해야 한다.

검정통계치를 구한 후에는 검정통계치의 p값(p-value)과 유의수준(α)을 비교하여 결론을 내리게 된다. p값은 영가설이 참이라고 가정하고 표본에서 계산하여 나온 검정통계치보다 더 극단적인 값이 나올 확률이며, '극단적'이라는 것은 대립가설 방향으로 극단적임을 의미한다. 계산된 검정통계치의 p값이 α보다 작으면 영가설을 기각하게 된다. 왜냐하면, 검정통계치의 p값이 α보다 작다는 것은 영가설이 참일 때 나오기 힘든 경우가 될 것이므로 영가설을 참으로 받아들이기 어렵게 되어 결과적으로 대립가설을 주장하게 된다.

(1) 개념	① 모집단에 대하여 가설을 설정하고 표본 관찰을 통하여 모집단에 대한 가설 채택여부 결정		
	② 모집단에서 특정한 사례수를 반복해서 무선 표집했을 때 나타나게 되는 표본 평균이 나올 가능성을 확률적으로 계산하여 가설을 채택하거나 기각함으로 모집단 특성에 대한 결론 유도		
	③ 모집단 표본은 무선적으로 선정		
	④ 모집단 모수에 대한 가설 설정	㉠ 비모수통계	• 종속변인의 측정치가 명명이나 서열 척도일 때 사용
		㉡ 모수통계	• 전집에서 추출된 표본들의 변량 동일 • 표본이 추출된 전집은 정상분포 • 종속변인의 측정치는 반드시 동간척도 이상
(2) 가설의 유형	① 대립가설		연구자가 경험적 관찰 또는 실험에 의해 수집된 객관적 자료를 바탕으로 주장하고자 하는 내용이 담긴 가설
	② 영가설		대립가설과 반대되는 가설로 '유의한 차이가 없다'로 표현
	③ '영가설이 옳지 않음'을 밝혀 대립가설 채택하는 방향으로 연구		

(3) 검정통계치	① 영가설이 옳다는 전제에서 구한 값으로 z 분포, t 분포, χ^2 분포로 표현
	② 관찰된 표본으로부터 구한 검정통계치가 분포상에서 나타날 가능성(확률)이 적으면 영가설 기각(대립가설 채택), 가능성(확률)이 크면 영가설 채택(대립가설 기각), 즉 검정통계치 값이 기각치보다 클 경우 영가설을 기각하고 대립가설 채택
	③ p(유의도) • 검정통계치가 나타날 확률 • 유의도 값이 유의수준보다 작으면 영가설 기각, 유의도가 유의수준보다 크면 영가설 채택 • 표본에서 계산된 검정통계치가 나타날 확률이 유의수준 이하이면 영가설 기각
(4) 유의수준	① 영가설이 진일 때 진이 아니라고 오판하는, 즉 판단의 실수를 허용하는 기준 ② 1종 오류: 영가설이 옳음에도 영가설을 기각하여 발생하는 오차의 정도

의사결정		진리	
		영가설(H_0)	대립가설(H_A)
	영가설(H_0)	$1-\alpha$ ↑ =신뢰수준	제2종 오류(β) ↓
	대립가설(H_A)	제1종 오류(α) ↓ =유의수준	검정력($1-\beta$) ↑

③ 유의수준은 표본으로부터 구한 검정통계치가 영가설이 옳다고 전제했을 때 검정통계치 분포상에 나타날 가능성이 있는지 혹은 없는지 판단하는 기준
④ 일반적으로 1%, 5%, 10% 사용

> 양방검증에서 유의수준이 5%일 경우 Z점수가 상위 2.5%와 하위 2.5% 밖에 있을 때($\rho < 0.05$) 영가설 기각, Z점수가 상위 2.5%와 하위 2.5% 안에 있을 때($\rho > 0.05$) 영가설 채택

> 유의수준 5%로 설정 시 표본으로부터 구한 검정통계치의 값이 영가설이 옳다고 가정했을 때의 검정통계치가 분포에서 나타날 가능성 5% 이하이면 영가설 기각, 5% 이상이면 영가설 채택

> 유의수준이란, 영가설을 기각하기 위한 판단의 기준이 되는 확률 값'으로 '영가설이 맞는데도 영가설을 기각하여 발생하는 오차의 정도'를 의미하는 1종 오류의 확률을 의미한다. 유의수준은 가설 검정이 이루어지기 전에 해당 연구 분야에서 일반적으로 사용하는 경향이나 선행 연구논문을 참고하여 결정하면 된다. 스포츠과학 연구 분야에서는 일반적으로 0.05를 가장 많이 사용하고, 더욱 정밀한 결과가 요구되는 실험 연구에서는 0.01을 사용하기도 한다.

(5) 검정통계량과 유의성 결정	① 가설검정 과정	가설 설정 후 유의수준이 결정되면 표본자료를 분석하여 통계치를 산출함
	② 유의성 판단	㉠ 가설검정의 유의성을 영가설이 사실이라고 가정할 때 표집분포에서 표본의 통계치가 발생할 확률과 유의수준을 비교하여 결정 ㉡ Z분포 아래의 면적 신뢰수준(1-α)에 해당하는 범위를 설정하여 표본 통계치가 범위 내에 포함되면 영가설을 채택하고, 범위 밖에 포함되면 영가설을 기각함 ㉢ 양방검정일 경우, 분포의 중심에서 좌우로 신뢰수준(1-α)이 포함되므로 분포의 양쪽 꼬리의 면적 p값은 각각 α/2이며, 일방검정인 경우에는 분포의 좌측 또는 우측에서 시작한 면적 p값인 (1-α) 지점이 의사결정의 지점이 됨 ㉣ 영가설을 기각하는 범위를 기각역(critical region)이라고 하며, 기각역의 기준을 기각값(critical value)이라고 함
	③ 기각 기준치	♡ 검증통계치에 해당하는 가설부정의 기준치(정상분포 이용) | 양방검증의 유의도	일방검증의 유의도	검증통계치에 대한 기준치
.20	.10	1.282
.10	.05	1.645
.05	.025	1.960
.02	.01	2.326
.01	.005	2.576
.001	.0005	3.291	
	④ 결과 해석	㉠ 표본 통계치와 기각 기준치를 비교하여 가설을 채택함 ㉡ 유의도와 유의수준을 비교하여 가설을 채택함

(6) 양방검증과 일방검증	① 구분	대립가설의 서술적 표현 방법에 따라 양방검증(등가설)과 일방검증(부등가설)으로 구분되며 기각역 위치도 달라짐
	② 양방검증	㉠ 영가설은 'A와 B는 차이가 없다.'로 진술 ㉡ 대립가설은 'A와 B는 차이가 있다.'로 진술 ㉢ 5% 유의수준에서 상위 2.5%와 하위 2.5%에 속하는 검정통계 값이 나타날 경우 영가설 기각 ㉣ 5% 유의수준에서 상하위 2.5%는 Z값 |1.96|에 해당됨
	③ 일방검증	㉠ 대립가설은 'A는 B보다 크다.' 혹은 'B는 A보다 크다.'로 진술 ㉡ A와 B의 차이 분포상에서 왼쪽 끝이나 오른쪽 끝 한쪽으로 기각역 설정 ㉢ 상위 5%에 속하는 검정통계 값이 나타나는 경우 영가설 기각 ㉣ 상위 5%에서 Z값은 1.64, 하위 5%에서 Z값은 −1.64
		일방검증에서 영가설을 부정하는 기준치는 양방검증일 때와 차이가 있다. 대립가설이 어떠한 방향(즉, μ보다 크다고 기술된 것인가 아니면 적다고 기술된 것인가)으로 진술되었느냐에 따라 가설 부정의 한계 영역은 분포의 오른쪽 아니면 왼쪽의 어느 한편에 설정된다. 대학생 전집의 윗몸일으키기 평균 횟수가 100보다 클 것이라는 대립가설을 설정하고 이를 a=.05 수준에서 검증하고자 한다면 가설 부정의 한계 영역은 표집 분포의 오른편에 설정하게 된다. 왜냐하면 연구자는 표본의 평균치가 100보다 충분히 클 경우에만 영가설을 부정하고 대립가설을 받아들일 것이기 때문이다. 따라서 영가설을 부정하는 기준치는 a=.05일 경우 +1.645가 된다. 이러한 사실을 근거로 검증 통계치가 +1.645보다 클 경우 영가설을 부정하고 .05 수준에서 표본 평균치는 전집 평균치보다 유의하게 크다고 해석할 수 있다.

| (6) 양방검증과 일방검증 | ③ 일방검증 |

$\alpha=.05,\ H_o:\mu \leq 100,\ H_A:\mu > 100$ 일 때 일방검증에서 H_o 를 부정하는 한계영역

그렇다면 검증 통계치가 t=−2.13이라면 이 경우 검증 통계치(t=−2.13)는 가설 긍정의 영역에 속해 있기 때문에 영가설은 긍정되어야 한다. 따라서 대립가설이 양방검증으로 진술되었을 때 검증 통계치에 대한 영가설 부정의 기준치는 분포의 양단으로 분할된 두 개이지만 일방검증으로 진술되었을 때의 기준치는 하나이며 분포의 한쪽에만 설정된다.

💡 검증통계치에 해당하는 가설부정의 기준치(정상분포 이용)

양방검증의 유의도	일방검증의 유의도	검증통계치에 대한 기준치
.20	.10	1.282
.10	.05	1.645
.05	.025	1.960
.02	.01	2.326
.01	.005	2.576
.001	.0005	3.291

만일 영가설이 $H_o:\mu \leq 100$, 대립가설이 $H_A:\mu > 100$ 으로 진술되었을 경우, 표본 평균치가 100이나 100보다 적은 값으로 나타났다면 연구자는 영가설을 그대로 긍정해도 된다. 왜냐하면 위의 영가설을 검증하기 위해서는 표본 평균치는 최소한 가정한 전집 평균치, 즉 100보다는 커야하기 때문이다. 100과 같거나 100보다 적은 값은 영가설과 같은 조건이다.

예제 가설검정 절차

1. 전제조건

   생활체육협의회에서 지난 3년간 생활체육자격시험 응시자의 1주일 평균 운동시간을 조사하였더니 300분이라고 발표하였다고 가정하자.

2. 연구문제

   ① Y대학에 근무하는 A교수는 자신이 근무하는 대학의 생활체육자격시험 응시자들은 어느 정도 운동을 하는지 비교하기 위하여 조사하기로 하였다. A교수는 응시자들이 얼마나 운동하는지에 대한 사전지식이 없고 단순히 비교 조사하려는 목적이므로 양방검정으로 가설검정을 하기로 하였다.

   ② A교수는 자신이 생활체육자격시험 응시자들의 지도교수로서 학생들의 활동에 대하여 경험적 지식이 있었기에 '시험을 준비하고 있는 학생들은 운동을 더 많이 할 것이다.'라는 의견을 가지고 있었다. 따라서 학생들은 생활체육협의회에서 발표한 운동시간보다 더 많이 운동을 할 것이라는 생각을 가지고 있으므로 일방검정으로 가설검정을 하기로 하였다.

3. 가설 설정

   ① 양방검정

   H_0 : μ운동시간 = 300분

   H_A : μ운동시간 ≠ 300분

   ② 일방검정

   H_0 : μ운동시간 ≤ 300분

   H_A : μ운동시간 > 300분

4. 유의수준(α) = 0.05

5. 검정 통계량 : 영가설 기각 기준치

   ① 양방검정 : Z기각 기준치 = 1.96

   ② 일방검정 : Z기각 기준치 = 1.645

6. 표본추출 및 자료분석

   Y대학의 생활체육동아리 학생들 중에서 무작위로 25명을 추출하여 자료를 수집하고 분석하였더니 평균이 330분, 표준편차가 80분이였다. 아래의 공식으로 검정 통계량 Z값을 구하면,

   $$Z_{330} = \frac{(\overline{x} - \mu)}{s / \sqrt{n}} = \frac{(330 - 300)}{80 / \sqrt{25}} = \frac{30}{80/5} = \frac{150}{80} = 1.875$$

7. 통계적 의사결정

   ① 양방검정 : 표본자료에서 계산한 Z값 1.875는 기각 기준치(1.96)보다 작고 표집분포의 영가설 채택역 범위 내에 포함되므로 영가설을 기각할 수 없다. 표집분포에서 Z값 1.875에 해당하는 면적 p값은 0.0304[p(z≥1.875)]이나 양방검정이므로 분포의 좌우 면적 값을 합하면 0.0608로서 유의수준인 0.05보다 크다. 따라서, 표본평균 330분은 모수치 300분보다 다소 크기는 하지만 유의미한 만큼의 차이는 아니었다고 결론을 내릴 수 있다.

   ② 일방검정 : 표본에서 계산한 Z값 1.875는 기각 기준치(1.645)보다 크고 표집분포의 영가설 채택역 범위를 벗어나 기각역 내에 포함되므로 유의수준 α=0.05에서 영가설을 기각하고 대립가설을 채택한다. 만약 전제조건인 모수치 평균 300분이 사실이라면, 이 조건에서 표본(n=25)의 평균 330분이 발생한 확률 p값이 0.0304로서 매우 낮기 때문에 생활체육자격시험을 준비하는 수험생들은 일주일에 300분보다는 더 많은 시간을 운동에 할애한다는 결론을 내릴 수 있다.

3. Z검정

(1) 명칭	대표본 검정, CR검정
	Z검정을 이용하여 한 대상자의 점수와 모집단의 평균을 비교하는 것과 같이, 모집단에서 추출된 한 표본의 평균과 모집단의 평균 간 차이, 두 모집단의 평균 간 차이, 짝자료(paired data)의 평균 간 차이가 통계적으로 유의한가를 Z검정으로 가설 검정할 수 있다.
	Z검정을 이용하면 한 개인의 점수와 모집단 평균의 차이, 한 표본 평균과 모집단 평균의 차이뿐만 아니라 두 표본 집단의 평균 차이를 통해 두 모집단의 평균 차이도 가설 검정을 할 수 있다. 하지만, Z검정을 이용하려면 모집단의 분산(σ^2)을 알아야 검정통계치인 Z점수 계산이 가능한데 일반적으로 σ^2을 아는 경우가 많지 않아서 Z검정을 사용하기 어렵게 된다. 만약, σ^2을 모르는 경우에는 t검정을 통해 가설 검정이 가능하다.
(2) 검증원리	① 대표본은 정상분포를 가정하며, 정상분포곡선의 원리를 이용 ② 표본의 사례수가 상당히 큰 경우 적용, 즉 자유도 30 이상일 때 대표본으로 간주
(3) Z검정 가정	① 종속변인은 양적 변인, 모집단의 분산(σ^2)을 알아야 하며, 모집단의 분포는 정규분포(normal distribution) ② 두 모집단의 평균 차이를 검정할 때에는 두 모집단의 분산이 같아야 한다는 등분산(equal variance)의 가정이 추가로 필요
	한 표본의 평균과 모집단 평균 간 차이 검정을 예로 들면, A중학교 2학년 체육교사가 한 학급만을 대상으로 새로운 근력 트레이닝 방법으로 한 학기 동안 수업을 한 후, 이 학급의 윗몸일으키기 평균 점수가 A중학교 2학년 전체 학생들의 평균 점수보다 통계적으로 유의하게 큰 것을 검증하여 새로운 트레이닝 방법이 효과적이었음을 주장하고 싶다면 Z검정을 하면 된다. 이와 같이 한 표본의 평균이 모집단 평균과 차이가 있는가를 검증하는 것을 단일표본 Z검정이라고 한다.

③ 단일표본 Z검정에서 Z점수 계산 공식

$$Z_{\overline{X}} = \frac{\overline{X} - \mu}{\sigma_{\overline{X}}} \quad\cdots\cdots 공식\ 1$$

$$\sigma_{\overline{X}} = \frac{\sigma_X}{\sqrt{n}} \quad\cdots\cdots 공식\ 2$$

공식 1은 모집단에서 표본의 사례수가 n개인 무수히 많은 표본 평균들의 점수분포에서 한 표본 평균의 Z점수($Z_{\overline{X}}$)를 계산하는 방법이다. 공식 1에서 분모에 들어간 $\sigma_{\overline{X}}$는 표본 평균들의 표준편차를 의미하는 것으로, 평균의 표준오차(standard error of the mean)라고 하며, 중심극한정리(central limit theorem)에 의해 공식 2와 같이 계산된다.

중심극한정리에 의하면, 한 변인 X를 측정한 점수들의 모집단 평균이 μ_X이고 분산이 σ_X^2일 때, 무수히 많은 표본 평균($\overline{X}$)들로 구성된 모집단의 평균($\mu_{\overline{X}}$)은 μ_X이고 분산이 $\frac{\sigma_X^2}{n}$임을 의미한다. 즉, 표본 평균들로 구성된 모집단의 표준편차(평균의 표준오차)는 $\frac{\sigma_X}{\sqrt{n}}$가 된다.

(3) Z검정 가정

④ 중심극한정리(central limit theorem)

모집단의 평균이 μ이고, 분산이 σ^2일 때, 무작위 표본의 크기 n이 충분히 크면 표본 평균($\overline{X}$)의 분포는 모집단의 분포와 관계없이 평균이 μ이고, 분산이 $\frac{\sigma^2}{n}$인 정규분포를 따른다.

적용

어떤 중학교 남학생들의 팔굽혀펴기 점수가 정규분포하고, 평균이 25회, 표준편차가 5회라고 했을 때, 36회의 팔굽혀펴기를 기록한 학생은 이 중학교의 학생이라 할 수 있을까?

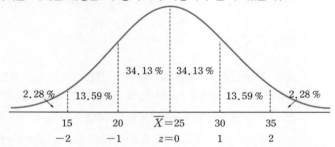

평균보다 2s(표준편차의 두 배), 즉 팔굽혀펴기 35회 이상의 점수를 기록한 사례수는 모집단의 2.14%밖에 되지 않으므로, 36회의 팔굽혀펴기를 기록한 학생은 이 중학교의 학생일 가능성이 2.14%보다 작을 것이다. 따라서 36회를 기록한 학생은 이 중학교의 학생이 아니라고 주장한다면, 2.14% 정도의 오차는 감수해야 한다.

연구자가 사전에 유의수준을 0.05로 설정했다면, 5%의 오차를 감수하고 영가설을 기각하겠다는 의도이며, 양방 검정을 한다면 상위 2.5%와 하위 2.5%에 해당하는 Z점수보다 절댓값이 큰 경우에는 영가설을 기각하게 된다. 정규분포곡선에서 상위 2.5%와 하위 2.5%에 해당하는 Z점수는 −1.96과 1.96이다. 36회의 Z점수는 2보다 크기 때문에 이 집단의 점수 분포에 포함될 확률이 2.5%보다 작고 이 학생이 이 중학교의 학생이라는 영가설을 기각하여 이 학생이 이 중학교에 속하지 않는다고 주장할 수 있다.

일방 검정을 하게 된다면, 상위 5%에 속하는 Z점수를 나타내는 경우에만 영가설을 기각하게 되며, 정규분포에서 상위 5%에 해당하는 Z점수는 1.64이므로, 어떤 학생의 팔굽혀펴기 Z점수가 1.64보다 크면 유의수준 0.05에서 이 중학교의 학생이 아니라고 주장할 수 있다.

체육교사가 새로운 방법으로 지도한 한 학급 25명(n)의 윗몸일으키기 평균($\overline{X}$)이 43회, 중학교 2학년 전체 학생의 평균(μ)이 40회, 분산(σ_X^2)이 10이라면, 한 학급의 평균에 대한 Z점수는 공식 1과 2에 의해서 1.5가 된다. 유의수준(α)이 0.05이고, 새로운 트레이닝 방법으로 지도했던 학급의 평균이 모집단인 전체 학생들의 평균보다 클 것이라는 가설을 일방 검정할 때, $Z_{\overline{X}}$가 1. 5로 유의수준 0.05에 해당하는 기각치 1.64보다 작으므로 영가설을 기각하지 못하게 된다. 결과적으로 '새로운 트레이닝 방법으로 지도했던 한 학급의 평균이 전체 학생들의 평균보다 크다.'고 하기 어렵다는 결론을 내릴 수 있다.

4. t검정

(1) t검정 가정	① 독립성에 대한 가정	⊙ 한쪽 전집에서의 표본추출이 다른 전집 표본추출에 영향을 배제한 전제조건 ⓒ 무선 표집과 무선 배정		
	② 동분산에 대한 가정	⊙ 두 집단 차이 검정에서 두 집단의 분산이 동일하다는 가정 전제 ⓒ 동분산 가정이 만족되지 못한다면 전집분산의 분리추정치를 사용하여 t값 산출		
	③ t검정의 전제 조건	⊙ 표본을 표집한 모집단은 정상분포원리 이용 ⓒ 전집으로부터 무선 표집 ⓒ 두 표본의 동분산 가정 ⓔ 동간척도 이상의 비율척도 자료 수집		
	④ t 통계치 계산	⊙ 모집단분산(σ^2)을 모를 경우 한 표본에 대한 t검증에서 t값 $$t = \frac{\overline{X} - \mu}{\sigma_{\overline{X}}}$$ ⓒ 두 표본에 대한 t검증에서 t값 $$t = \frac{\overline{X_1} - \overline{X_2}}{\sigma_{\overline{X_1} - \overline{X_2}}}$$		
(2) 독립 t검정	① 의미	⊙ 서로 다른 모집단에서 무선 표집된 두 표본의 특성을 비교하여 두 모집단의 특성인 모수의 차이 유무를 추정함 ⓒ 두 모집단의 분산을 모르거나 사례수가 30명 이하일 경우 사용		
	② 검증 단계	⊙ 영가설 설정	• 독립 t검정에서 영가설은 'A집단과 B집단은 차이가 없다.'로 설정	
		ⓒ 유의수준 결정	• 1%, 5%	

(2) 독립 t검정	**② 검증 단계**	**© 통계적 검정**	• 자유도는 두 집단의 분산이 같은 경우 $n_1 + n_2 - 2$ 활용 • 제시된 t 분포표에서 유의수준에 따른 가설검증의 기준치를 찾은 후 산출된 검정통계치와 비교 • 산출된 검정통계치의 절대값이 기각치의 절대값보다 크면 영가설 기각
		② 결과 및 결론의 진술	• 영가설이 기각되면 'A와 B는 유의 확률 5% 미만에서 통계적으로(의의 있는) 차이가 있다.'로 진술
	③ 방법		○ 두 모집단이 각각 정규분포를 이루고 두 모집단의 분산이 같다는 가정, 만일 두 모집단의 분산이 다르면 검정통계치 t값을 구하는 공식이 달라짐 ○ 독립표본에 의한 두 집단의 차이분석을 할 경우 두 집단의 동분산이 가정될 경우와 그렇지 않을 경우에 따라 검정통계치 t값은 변화됨 © 연속자료에 의한 종속변인 가정

예제

모집단에서 무선표집으로 추출된 5명의 학생에게 전통적 교수법으로 체육수업을 하였으며, 다른 모집단에서 무선 추출된 6명의 학생에게 새로운 교수법으로 체육수업을 하였다. 수업 후 11명 학생 모두에게 체육 시험을 치렀으며, 시험 결과 체육 성적은 아래의 표와 같다.

유의수준 .05에서 집단 간 체육 성적 평균의 차이

♀ 교수방법에 따른 체육 성적

전통적 교수법(X_1)	30, 40, 60, 50, 50
새로운 교수법(X_2)	70, 60, 80, 70, 50, 80

전통적 교수법 : $n_1 = 5$, $\overline{X_1} = 46.00$, $S_1^2 = 130.00$

새로운 교수법 : $n_2 = 6$, $\overline{X_2} = 68.33$, $S_2^2 = 136.67$

단계 ① 가설 설정

$H_o : \mu_1 = \mu_2$

$H_A : \mu_1 \neq \mu_2$

단계 ② t 분포표에서 유의수준과 자유도를 고려하여 임계치 찾기

$\alpha = .05$

$df = (n_1 - 1) + (n_2 - 1) = (5 - 1) + (6 - 1) = 9$

$_{.05}t_9 = \pm 2.262$(양측검정이므로 유의수준 .25(.05/2)의 값)

단계 ③ t 통계값 계산

$t = -3.19$

단계 ④ 영가설 채택 여부 결정

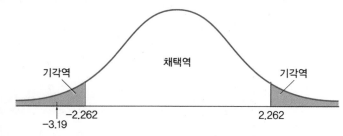

t 통계값($t = -3.19$)이 기각역에 해당하므로 영가설을 기각

단계 ⑤ 결과의 해석

유의수준 .05에서 교수방법에 따라 체육 성적의 평균에 차이가 있다. 즉, 새로운 교수법으로 수업을 한 집단이 전통적 교수법으로 수업을 한 집단보다 체육 성적의 평균이 높다.

(2) 독립 t검정

① 동일 모집단에서 무선 표집된 한 표본의 처치 전과 처치 후의 특성을 비교하여 처치의 효과 판단
② 동일 피험자에게 서로 다른 처치 후 처치 차이 유무를 검정함으로써 처치의 효과성 규명

> • 심리훈련 프로그램 효과를 검증하기 위하여 국가대표 탁구선수에게 심리훈련 실시 전후의 실수율 비교
> • 새로 개발된 운동화의 효과를 검증하기 위하여 선수가 기존 제품과 새로 개발된 운동화를 신고 실시한 높이뛰기 기록 비교

③ 종속 t검증에서 t값

$$t = \frac{\overline{D}}{\sigma_{\overline{D}}}$$

$\overline{D}$는 사후검사점수 − 사전검사점수
$\sigma_{\overline{D}}$는 차이점수 평균의 표준오차

(3) 종속 t검정

 예제

체육수업에서 트레이닝 훈련의 효과 유무를 알아보기 위하여 5명에게 사전검사를 실시한 후 트레이닝 훈련을 실시하고 사후검사를 실시한 결과는 아래의 표와 같다.

트레이닝 훈련이 체육수업에 효과가 있는지 유의수준 .01에서 검정

⊙ 체육수업의 사전 및 사후검사 점수

학생	사전검사	사후검사
A	4	6
B	3	5
C	5	5
D	4	6
E	4	6

단계 ❶ 가설 설정

$H_o : \mu_D = 0$
$H_a : \mu_D \neq 0$

단계 ❷ t 분포표에서 유의수준과 자유도를 고려하여 임계치 찾기

$\alpha = .01$

$df = n - 1 = 5 - 1 = 4$

$_{.01}t_4 = \pm 4.604$(양측검정이므로 유의수준 .005(.01/2)의 값)

단계 ❸ t 통계값 계산

$t = -4.0$

단계 ❹ 영가설 채택 여부 결정

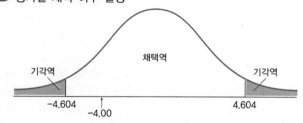

t 통계값($t = -4.00$)이 기각역에 해당하지 않으므로 영가설을 기각하는 데 실패

단계 ❺ 결과의 해석

유의수준 .01에서 사전검사와 사후검사의 평균에는 차이가 없다. 즉, 체육수업에서 트레이닝 훈련은 효과가 없다.

(3) 종속 t검정

05 분산분석(변량분석)

1. 분산분석 (ANOVA)	① 세 집단의 평균 차이를 각각 두 집단씩 비교하면 모두 세 번의 t검정 실시로 유의수준과 1종 오류 수준 증가로 기각 영역이 넓어져 신뢰성 감소 세 집단의 평균 차이를 각각 두 집단으로 구분하여 비교하면 t검정을 여러 번 실시해야 하는데, t검정을 여러 번 실시하면 유의수준이 증가하는 통계적 오류가 발생하여 기각 영역이 넓어지게 된다. 따라서 실제로는 영가설이 참인데도 불구하고 영가설을 기각하는 오류가 커지게 되는 것이다. ② 세 집단 이상의 평균 차이를 F분포 이용으로 검증함 ③ 평균 간 차이를 집단 간 분산과 집단 내 분산의 관점에서 분석하여 결론을 내림 A, B, C 세 가지 트레이닝 방법을 적용한 후 세 집단에 각각 동일한 체력 검사를 실시하여, 세 집단의 평균 간 차이가 있는가를 검증한다고 하자. 세 집단의 평균 차이가 트레이닝 방법의 차이 때문인지, 아니면 단순히 세 집단을 표집할 때 발생하는 오차 때문인지를 분산분석에 의해 밝힐 수 있다. ④ F검정을 위해 자료가 만족해야 할 가정 독립성(independence), 정규성(normality), 등분산성(homoscedasticity)이 있다. 독립성 가정은 모집단에서 추출된 표본은 각각 독립적이라는 가정이고, 정규성은 각 모집단의 종속변인은 정규분포를 따른다는 가정이고, 등분산성은 각 모집단에서 종속변인의 분산은 동일하다는 가정이다. 독립성 가정이 위배되면 분산분석으로 가설 검정하는 것은 유효하지 못하다. 하지만, 분산분석은 정규성 가정을 크게 위반하지 않는다면 큰 문제가 되지 않고, 각 모집단에서 추출된 표본의 사례수가 비슷하다면 등분산성 가정 위반에도 강건한(robust) 방법으로 알려져 있다.

$$F = \frac{MS_B}{MS_W} = \frac{\text{집단 간 분산}(s_{b^2})}{\text{집단 내 분산}(s_{w^2})} = \frac{\text{오차변량}(\sigma_e^2) + \text{처치효과변량}(\sigma_t^2)}{\text{오차변량}(\sigma_e^2)}$$

2. F값 계산	(1) 분자 MS_B	① 집단 간 분산(집단 간 평균 제곱합) 공식에서 분자인 MS_B의 의미는 집단 간 평균제곱합(mean sum of squares of between)으로 세 집단 각각의 평균에서 총 평균을 뺀 후 제곱한 값에 각 집단의 사례 수를 곱하여 모두 더한 집단 간 편차제곱합(SS_B; sum of squares of between)을 집단 간 자유도(집단 수에서 1을 뺀 값, 세 집단이면 3-1로 2가 됨)로 나누어 준 값이다. ② 집단 간 분산이 크다는 것은 교수법에 의한 효과가 크다는 것을 의미 ③ 집단 간 분산은 처치 효과로 간주
	(2) 분모 MS_W	① 집단 내 분산(집단 내 평균 제곱합) 공식에서 분모인 MS_W의 의미는 집단 내 평균제곱합(mean sum of squares of within)으로 각 집단의 피험자들이 기록한 값에서 그 집단의 평균을 빼준 다음 제곱하여 모두 더한 집단 내 편차제곱합(SS_W; sum of squares of within)을 집단 내 자유도(총 피험자 수에서 집단 수를 뺀 값)로 나누어 준 값이다. ② 연구자가 알 수 없는 집단 내에서 발생하는 분산이므로 오차로 간주하며 무선 할당에도 집단 내 분산이 크게 나타났다면 처치에 의한 효과와 관계없이 오차 증가 분모인 집단 내 분산은 측정대상자들의 개인차에 의해서 발생하는 분산이므로 오차라 할 수 있다. 실험 연구에서 각 집단을 무선으로 할당했음에도 불구하고 집단 내 분산이 크게 나타났다면, 이것은 처치에 의한 효과와 관계없이 알 수 없는 오차가 크다는 것을 의미한다. 따라서 F값을 계산할 때 분모에 오차항으로 MS_W이 들어가는 것이다.

		① 분모인 집단 내 분산이 작고, 분자인 집단 간 분산이 클수록 F값 증가 ② F값이 기각치보다 크면 영가설을 기각하고 집단 간 평균 차이가 유의한 것으로 주장
	(3) F해석	분산분석에 의해 세 집단 중 하나 이상의 짝에서 평균 차이가 유의한 것으로 나타났다면, 구체적으로 어떤 집단 간에 평균 차이가 있는 것인지는 어떻게 알 수 있을까? 분산분석 즉, F검정의 결과만으로는 구체적으로 어떤 집단 간에 평균 차이가 유의한가를 알기 어렵다. 일단, F검정을 한 결과가 유의한 것으로 나타났다면, 다중비교(multiple comparison)방법으로 구체적인 집단 간 평균 차이를 검증할 수 있다.

2. F값 계산

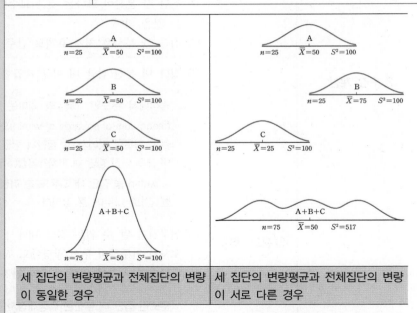

세 집단의 변량평균과 전체집단의 변량이 동일한 경우	세 집단의 변량평균과 전체집단의 변량이 서로 다른 경우

각 하위집단의 변량평균과 각 하위집단을 전부 합한 전체집단의 변량이 서로 유사하거나 일치하면 각 집단의 평균치 간에는 통계적으로 차이가 없다. 그러나 각 하위집단의 변량평균과 전체집단의 변량 간에 차이가 있으면 각 집단의 평균치 간에도 통계적으로 차이가 있다.

3. 분산분석 유형	① 독립변인의 수에 따라 일원분산분석, 이원분산분석, 삼원분산분석으로 구분 ② 독립변인이 2개 이상인 연구설계는 요인설계로 파악 가능	
	일원분산분석	하나의 독립변인에 의한 종속변인 평균치 간의 차이 검정 일원변량분석은 하나의 독립변인이 종속변인에 미치는 영향을 검증할 때 사용하며 이원변량분석은 2개의 독립변인이 종속변인에 미치는 영향을 동시에 검증할 때 사용한다.
	반복측정 일원분산분석 2025년 B 9번	동일한 표본으로부터 3번 이상 반복측정된 자료에 대한 평균의 차이 검정 실험연구에서 실험집단의 사전검사와 사후검사 평균의 차이를 검정하는 경우 하나의 표본에서 2개 그룹의 자료인 사전검사와 사후검사의 자료가 추출되었기 때문에 대응표본 t검정을 사용한다. 만약 이들에게 사전검사와 사후검사 외에 추후검사를 실시하였다면, 종속적으로 추출된 3개의 평균(사전검사, 사후검사, 추후검사의 평균)의 차이를 검정해야 한다. 이 경우 만약 대응표본 t검정을 실시하면, 사전검사와 사후검사, 사전검사와 추후검사, 사후검사와 추후검사 간의 3번의 분석이 필요하게 되고, 따라서 1종오류를 범할 확률이 증가한다. 따라서 종속적으로 추출된 3개 이상의 평균의 차이를 검정할 때는 반복측정 분산분석을 사용하여야 한다. 즉, 반복측정 분산분석은 세 번 이상의 반복측정치 간의 평균의 차이를 분석하는 것이다.
	이원분산분석	2개의 독립변인에 의한 영향을 동시에 분석 이원변량분석에서 상호작용효과란 '한 독립변인의 효과가 다른 독립변인의 실험조건에 따라 그 효과의 정도가 달라지는 경우'를 의미한다. 만일 두 독립변인 간의 상호작용효과가 없다면 하위집단의 평균치를 이은 선은 평행이거나 평행에 가깝다. 반면 상호작용효과가 있을 경우에는 하위집단의 평균치를 이은 선은 상호 교차한다.
	다원분산분석	독립변인이 둘 또는 그 이상일 때의 변량분석

3. 분산분석 유형

예제 -1 일원분산분석

세 모집단에서 각각 10명의 학생들을 표집하여 세 반에 무선배치 후 서로 다른 세 가지 교수방법으로 수업을 실시하였다. 수업 후 체육 시험을 치른 결과는 아래의 표와 같다.

유의수준 .05에서 집단 간 평균의 차이 검정

◊ 교수방법에 따른 체육 성적

교수방법		
프로젝트 수업(A)	컴퓨터 보조 수업(B)	강의식 수업(C)
60	80	70
75	95	65
95	90	80
80	90	60
85	80	70
90	85	85
95	90	90
70	95	60
80	90	80
80	75	70

단계 ① 가설 설정

$H_o : \mu_{.1} = \mu_{.2} = \mu_{.3}$

$H_A :$ 적어도 어느 두 집단 간에는 평균에 차이가 있다.

단계 ② F 분포표에서 유의수준과 자유도를 고려하여 임계치 찾기

$_\alpha F_{v_1, v_2} = {}_{.05}F_{2, 27} = 3.35$

(v_1: 집단 간 자유도, v_2: 집단 내 자유도)

단계 ❸ F 통계값 계산

$$F = \frac{MS_B}{MS_W} = \frac{493.34}{91.11} = 5.41$$

Source	SS	df	MS	F
Between Groups	986.67	3−1=2	493.34	5.41
Within Groups	2460.00	30−3=27	91.11	
Total	3446.67	30−1=29		

단계 ❹ 영가설 채택 여부 결정

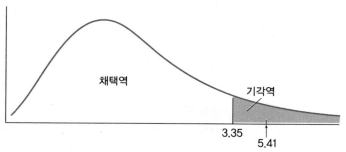

채택역

기각역

3.35

5.41

F 통계값($F = 5.41$)이 기각역에 해당하므로 영가설을 기각

단계 ❺ 결과의 해석

유의수준 .05에서 교수방법에 따라 두 집단 간에는 체육 성적의 평균에 차이가 있다.

3. 분산분석
   유형

예제 -2 이원분산분석

성격유형(내향, 외향) 및 교수방법(강의법, 토론법)에 따른 학업성취도의 차이를 알아보기 위해 성격유형이 내향인 학생 20명과 외향인 학생 20명을 표집하여 각각 강의법과 토론법 교수방법 집단에 10명씩 무선배치 후 수업을 실시하였다. 수업 후 시험을 치른 결과는 아래의 표와 같다.

유의수준 .05에서 주효과와 상호작용효과 검정

◇ 성격유형 및 교수방법에 따른 학업성취도

		교수방법(요인B)			
		강의법(b_1)		토론법(b_2)	
성격유형 (요인A)	내향(a_1)	85	85	85	80
		90	90	80	85
		95	70	75	75
		80	80	80	85
		85	90	85	80
	외향(a_2)	75	90	90	95
		80	75	85	85
		85	85	90	80
		95	75	85	95
		90	80	95	90

단계 ❶ 가설 설정

주효과 A (성격유형)	영가설	$H_{o(A)} : \mu_{1.} = \mu_{2.} \cdots$ 영가설: 성격유형에 따라 학업성취도에 차이가 없다.
	대립가설	$H_{A(A)} : H_0$ 이 진이 아니다. 대립가설: 성격유형에 따라 학업성취도에 차이가 있다.
주효과 B (교수방법)	영가설	$H_{o(B)} : \mu_{1.} = \mu_{2.} \cdots$ 영가설: 교수방법에 따라 학업성취도에 차이가 없다.
	대립가설	$H_{A(B)} : H_0$ 이 진이 아니다. 대립가설: 교수방법에 따라 학업성취도에 차이가 있다.
상호작용 효과 AB (성격유형* 교수방법)	영가설	$H_{o(AB)} : \mu_{11} - \mu_{12} = \mu_{21} - \mu_{22} \cdots$ 영가설: 성격유형과 교수방법의 상호작용이 없다.
	대립가설	$H_{A(AB)} : H_0$ 이 진이 아니다. 대립가설: 성격유형과 교수방법의 상호작용이 있다.

3. 분산분석 유형

단계 ❷ F 분포표에서 유의수준과 자유도를 고려하여 임계치 찾기

$\alpha = .05, df(v_1 = 1, v_2 = 36)$

주효과 A의 임계치 $_{.05}F_{1,36} \fallingdotseq 4.12$

주효과 B의 임계치 $_{.05}F_{1,36} \fallingdotseq 4.12$

상호작용효과 AB의 임계치 $_{.05}F_{1,36} \fallingdotseq 4.12$

단계 ❸ F 통계값 계산

		교수방법(요인B)		
		강의법(b₁)	토론법(b₂)	
성격유형 (요인A)	내향(a₁)	85 85 90 90 95 70 80 80 85 90	85 80 80 85 75 75 80 85 85 80	$\overline{X_{1.}} = 83$
		$\overline{X_{11}} = 85$	$\overline{X_{12}} = 81$	
	외향(a₂)	75 90 80 75 85 85 95 75 90 80	90 95 85 85 90 80 85 95 95 90	$\overline{X_{2.}} = 86$
		$\overline{X_{21}} = 83$	$\overline{X_{22}} = 89$	
		$\overline{X_{.1}} = 84$	$\overline{X_{.2}} = 85$	$\overline{X_{..}} = 84.5$

$$F_A = \frac{90}{35.83} = 2.51 \quad F_B = \frac{10}{35.83} = .28 \quad F_{AB} = \frac{250}{35.83} = 6.98$$

Source	SS	df	MS	F	부분η^2
A	90	1	90	2.51	.065
B	10	1	10	.28	.008
AB	250	1	250	6.98*	.162
Within Groups	1290	36	35.83		
Total	1640	39			

3. 분산분석 유형

	단계 ④ 영가설 채택 여부 결정

주효과 A (성격유형)	성격유형의 F통계값 2.51은 임계치 4.12보다 작으므로 영가설을 기각하는 데 실패(영가설 채택)
주효과 B (교수방법)	교수방법의 F통계값 .28은 임계치 4.12보다 작으므로 영가설을 기각하는 데 실패(영가설 채택)
상호작용 효과 AB (성격유형*교수방법)	성격유형과 교수방법 간의 상호작용에 대한 F통계값 6.98은 임계치 4.12보다 크므로 영가설 기각

3. 분산분석 유형

단계 ⑤ 효과 크기의 계산

$$부분\eta_A^2 = \frac{90}{90+1290} = .065$$

$$부분\eta_B^2 = \frac{10}{10+1290} = .008$$

$$부분\eta_{AB}^2 = \frac{250}{250+1290} = .162$$

단계 ⑥ 결과의 해석

유의수준 .05에서 성격유형과 교수방법의 주효과는 없다. 하지만 성격유형과 교수방법 간의 상호작용효과는 있다. 즉, 성격유형인 내향과 외향 간의 학업성취도의 차이와 교수방법인 강의법과 토론법 간의 학업성취도의 차이는 없다. 하지만 내향은 강의법에서 외향은 토론법에서 학업성취도가 더 높다.

4. 이원변량분석 결과 요약

⚲ 이원변량분석 결과의 요약

변산원(SV)	자승화 (SS)	자유도 (df)	변량추정치 (MS)	F	F_{CV}[a]
주효과					
성별(R)	330.75	1	330.75	22.36**	4.07
훈련기간(C)	1065.50	2	532.75	36.02**	3.22
상호작용효과	350.00	2	175.00	11.83**	3.22
집단 내	621.00	42	14.79		
전체	2367.25	47			

** : 1% 수준에서 통계적으로 유의한 차

α : F_{CV}는 실제 변량분석 결과를 보고할 때 표에는 제시하지 않는 것이 보통이다. 여기에서는 단지 설명의 편의를 위해 제시하였다.

성별과 훈련기간 간의 상호작용효과를 검증하는 검증통계치의 표집분포는 자유도가 2와 42인 F분포이다. 0.05 유의수준에서 실제 검증결과 얻은 11.83은 가설부정을 위한 기준치 3.22보다 크므로 영가설을 부정하고 성별과 훈련기간 간에는 상호작용효과가 있다는 결론을 내릴 수 있다. 위의 통계적인 분석결과를 근거로 내릴 수 있는 일반적인 결론은 다음과 같다.

> • 유연성 정도는 성별에 따라 차이가 있다.
> • 훈련기간에 따라 유연성 정도는 차이가 있다.
> • 훈련기간의 효과는 성별에 따라 다르게 나타난다.

이러한 결론은 성별과 훈련기간 간에 상호작용효과가 있기 때문이다.

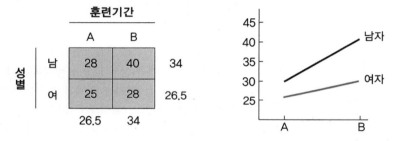

🌐 주효과와 상호작용효과가 있는 경우

4. 이원변량분석 결과 요약

상호작용효과가 있을 경우에는 그림표를 작성하고 주효과의 검증결과에 대한 해석은 유보해야 한다. 따라서 상호작용효과가 있을 경우에는 사후검증 방법에 의해 하위집단 간의 평균을 개별 비교해야 한다.

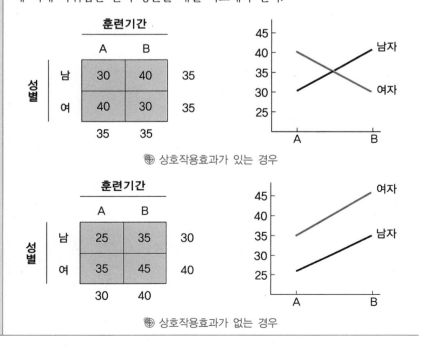

🌐 상호작용효과가 있는 경우

🌐 상호작용효과가 없는 경우

5. 사후검정 2025년 B 9번	① 사후비교, 사후대비, 사후검정(post hoc test) ② F검정에서 통계적으로 유의한 평균 차이가 검증되었을 때 특정 두 집단의 평균 차이에 대한 검정 F검정에서 평균 차이가 검증되었을 때 가장 작은 평균의 집단과 가장 큰 평균의 집단 간에는 통계적으로 유의한 차이가 있다고 할 수 있으나, 다른 두 집단 간의 평균 차이에 대한 정보는 사후검정을 통해서 얻을 수 있다. 두 집단 간의 평균 차이의 검증은 t검정을 반복함으로서 가능하나 중복되는 두 집단 간의 비교 때문에 제1종 오류가 커지는 문제점이 있다. 그러므로 분산분석에서 전반적인 집단의 평균 차이가 검증되었을 때 여러 가지 사후비교 방법 중에서 연구 상황에 적합한 통계기법을 사용하여 두 집단 간의 평균 차이에 대한 정보를 얻는다.
6. F검정과 t검정의 관계	t검정과 F검정 모두 평균 비교 통계기법이다. 일반적으로 t검정은 두 개의 평균, 그리고 F검정은 세 개 이상의 평균을 비교하는 데 사용된다. 그러나 두 개의 평균을 비교할 경우 $t^2 = F$라는 관계가 성립되기 때문에 t검정은 F검정의 특수한 경우라고 할 수 있다. t검정도 F검정과 마찬가지로 집단 간 분산과 집단 내 분산의 비율로 계산된다. 그리고 t검정에서는 평균이 두 개이므로 분자의 자유도가 1이 되므로 평균들의 변량(SS)과 제곱평균(MS)은 같으며 분모의 자유도는 (n-2)가 된다.

06 교차분석

1. 교차분석	① 명명 또는 서열척도의 각 범주에 속하는 빈도 비율을 분석하는 통계기법 표본의 특징, 즉 연구 대상의 집단분류를 설명하는 변인(explanatory variable) 또는 독립변인의 각 범주를 단순 집계하는 서술적 분석과 종속변인의 각 범주에 나타난 비율이 확률적으로 특정한 형태를 보이고 있는지의 여부를 판단한다. ② 서술적 빈도분석 인구 사회학적 변인인 성별, 직업, 혈액형, 종교, 지역 등의 명명척도와 분석의 편의상 피검자의 배경 변인(수입, 학력, 나이)을 상, 중, 하 등으로 분류하여 각 범주에 속하는 사례수를 비교한다. ③ 추리통계적 빈도분석 반응 변인의 각 범주에 나타난 관찰 비율과 확률적 기대 비율의 적합성(goodness of fit)을 비교하거나 또는 설명 변인과 반응 변인의 관련성 또는 독립성 여부를 가설 검정 절차에 따라 분석한다.
2. 의사결정	① 적합성 검정 ② 독립성 검정 – 교차분석

07 통계방법 정리

종속	연구목적	변량(집단)수	독립변수	통계방법
양적	상관연구	2	양적	피어슨(Pearson) 상관계수(적률)
		3↑		회귀분석
	집단비교	2↓	모집단분산 (알면 z−검증 모르면 t−검증)	단일표본 z, t 독립표본 z, t 종속표본 z, t
		3↑	1	일원분산분석(ANOVA)
			2	이원분산분석
질적	상관연구		서열	스피어만(Spearman) 상관계수(등위)
	집단비교		명명	x^2(카이검증)

08 연구 설계 타당도에 영향을 미치는 요인

1. 내적 타당도 영향 요인	(1) 통계적 회귀	• 개인 또는 집단의 측정치가 전집의 평균치 쪽으로 이동하는 경향 • 첫 번째 검사에서 극단적으로 높은 점수를 얻은 경우 차후검사에서 이보다 낮은 점수, 첫 번째 검사에서 극단적으로 낮은 점수를 얻은 경우 차후 검사에서는 이보다 높은 점수
	(2) 도구	• 측정하는 데 사용된 장비, 관찰자, 채점자 개인차에 의하여 측정기준 변화 • 장비는 실험 전 동일한 성능이 유지되도록 조절하거나 점검 요구
	(3) 역사	• 사전검사와 사후검사 사이에 처치 이외에 발생한 특정 사건
	(4) 피험자 선정 차이	• 속성이 다른 편파적 집단 선정으로 집단 간의 동질성이 결여되어 처치와 무관한 연구결과 유도
	(5) 성숙	• 시간이 경과함에 따라 나타나는 피험자의 신체적·정신적 변화의 영향
	(6) 피험자 탈락	• 그룹이나 인구 집단을 대상으로 연구할 때 일부 집단에서 피험자들이 중도 탈락하는 경우의 발생
	(7) 호손효과	• 피험자가 실험이나 조사 대상이 된다는 것 의식하여 영향 발생
	(8) 사전검사	• 같은 내용의 검사를 두 번 실시할 경우에 첫 번째 검사의 경험이 두 번째 검사에 영향
2. 외적 타당도 영향 요인	(1) 중다-처치의 간섭	• 동일한 피험자에게 여러 가지 처치를 했을 경우 이전의 처치 경험이 처치에 계속 존재
	(2) 대표성	
	(3) 피험자 선정과 처치 간의 상호작용	

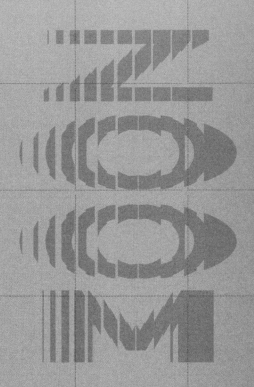

권운성 ZOOM 전공체육

측정통계평가

체육 평가

Chapter 01 체육측정평가의 이해

Chapter 02 규준지향검사의 타당도와 신뢰도

Chapter 03 준거지향검사의 타당도와 신뢰도

Chapter 04 학교체육 측정과 평가

Chapter 05 수행평가

Chapter 06 검사구성의 원리

체육측정평가의 이해

01 체육측정평가의 기본 개념

1. 측정	① 대상물의 속성 파악을 위한 숫자 부여 ② 측정의 대상: 인간의 개인차 ③ 측정의 절차: 측정대상 선정 ⇨ 측정대상의 속성이나 행위 구체화 ⇨ 측정 단위 설정 ⇨ 수치 부여 규칙 설정
2. 검사	① 집단에 대한 정보를 수집하기 위해 사용되는 도구와 체계적인 측정 절차 ② 지필검사, 수행력 검사, 체크리스트, 악력계, 트레드밀 ③ 양적 검사, 질적 검사(우수, 미흡)
3. 평가	① 검사를 통해서 측정된 검사점수에 대한 해석과 가치판단의 과정 ② 평가는 측정을 통하여 수집된 악적 자료를 질적으로 판단하는 과정 <table><tr><td>규준</td><td>대단위 표본을 통해 획득된 특정 검사의 백분위수</td></tr><tr><td>준거</td><td>목표 달성과 그렇지 않음의 기준</td></tr></table>

02 검사의 목적

1. 동기 유발

2. 성취수준 평가

3. 향상도 측정 2015년 A 서술 4번 / 2016년 초등 5번

(1) 향상도 점수 이용의 문제점	① 향상도 점수의 비신뢰성: 사전검사에서 학생들이 최선을 다하지 않을 가능성 ② 척도 단위의 비동질성: 사전검사에 높은 수준의 학생에 대한 향상도 점수에는 가중치 제공 ③ 사전검사에 대한 학생 동기화 곤란 ④ 천정효과 발생
(2) 성적반영 조건	① 사전검사 전 충분한 연습 기간 제공 ② 성숙요인 배제 후 평가 반영

> **참고** 향상도 평가의 문제점(천정효과)
>
> 향상도는 사전검사와 사후검사를 통해서 측정되는데, 사전검사에서 높은 점수를 받은 학생은 낮은 점수를 받은 학생에 비해 향상될 수 있는 범위가 좁아진다. 따라서 최초의 검사에서 높은 검사점수를 받은 학생과 낮은 점수를 받은 학생에게 동일한 점수 단위가 부여되는 것은 적절하지 않다. 또한, 매우 높은 향상도 점수를 나타낸 학생일지라도 수업 목표를 성공적으로 달성했다고 할 수 없기 때문에 향상도 점수만으로는 학생들의 성취 수준을 평가하기는 어렵다. 따라서 향상도 점수를 실제성 평가에 적용하여 학생들의 동기 유발을 위한 방법으로 활용한다면, 효과적인 수업을 진행할 수 있다. 또한, 향상도 점수를 성적에 부여한다고 예고한다면, 학생들은 사전검사에서 고의로 낮은 점수를 받으려 하기 때문에, 향상도 점수가 성적에 포함될 것을 사전검사 전에 알려주지 않고, 충분한 연습 시간을 주어야 하는데, 성숙 요인에 의해 운동수행능력이 향상될 정도로 너무 많은 연습 기간을 주는 것은 바람직하지 않다.

4. 진단

① 학생 개인차 확인하여 개별화된 교육프로그램 계획
② 학생 능력수준 파악

5. 처방

6. 성적 부여

7. 교육프로그램 평가

8. 분류와 선발 2002년 12번 / 2008년 18번

◎ 평가관

명칭	특징
선발적 교육관	• 유전론에 입각한 선천적 인간의 지적 능력에 대한 가정 • 일정한 교육수준이나 교육목표에 도달할 가능성이 있는 소수의 우수자 선발 목적 • 교육 후 우수아와 열등아를 구분하는 개인차 변별 • 규준지향 평가 활용 • 측정관 강조로 신뢰도와 객관도 확보 요구
발달적 교육관	• 모든 학습자에게 적절한 교수·학습방법만 제시될 수 있다면, 누구나 의도하는 바의 주어진 교육목표를 달성할 수 있을 것이라는 신념 가정 • 교육목표 달성을 위한 교육방법과 판단에 대한 평가 초점 • 준거지향 평가 지향 • 평가관 강조로 타당도 확보 요구

9. 미래의 수행력 예측

03 검사의 종류 2003년 16번 / 2007년 추가 22번 / 2008년 18번 / 2014년 B 논술 2번 / 2019년 A 8번 / 2020년 A 3번 / 2022년 B 5번

분류기준		유형과 특징
1. 평가기준	(1) 규준지향검사	• 학생 개인차 변별 • 규준과 비교 해석
	(2) 준거지향검사	• 수업 목표 달성 • 타당도가 높은 기준 설정 중요
2. 평가기능	(1) 진단평가	• 학생 출발점 위치 파악
	(2) 형성평가	• 수업 중 학생의 문제점을 파악하여 피드백 제공 • 수업 적절성 모니터링 • 수행평가와 유사 기능
	(3) 총괄평가	• 학생 성취수준 평가 • 성적 부여와 수업 효과 확인
3. 평가대상	(1) 교사평가	
	(2) 학생평가	
	(3) 체육교육과정 평가	
	(4) 체육정책 평가	
	(5) 체육프로그램 평가	
4. 평가영역	(1) 지적 영역	• 체육 관련 지식, 이해력, 응용력, 분석력, 인지적 사고 작용
	(2) 심동적 영역	• 신체능력, 운동기능
	(3) 정의적 영역	• 성격, 태도, 협동심, 스포츠맨십
5. 성취목표수준	(1) 최소 필수능력평가	• 기본적인 목표수준 달성 여부 확인(성공/실패)
	(2) 최대 성취능력평가	• 학생들이 발휘할 수 있는 최대 성취능력 평가
6. 시간제한 여부	(1) 속도검사	• 일정한 시간 내에 검사 실시와 완료
	(2) 역량검사	• 시간에 구애받지 않고 자신의 역량 최대 발휘
7. 평가방법	(1) 양적 평가	• 검사도구 등을 통하여 얻어진 수량화된 자료에 대한 평가
	(2) 질적 평가	• 관찰, 면접과 같이 수량화하기 어려운 자료에 대한 평가
8. 평가의 본질구현	(1) 전통적 평가	• 성취도 평가를 중심으로 일회적이며 표준화된 평가
	(2) 수행평가(실제평가)	• 과제를 수행하는 과정과 실제상황 평가

04 체육측정평가의 최근 경향

1. 건강 관련 체력 강조

2. 준거지향 검사 강조

① 학생들의 상대적 비교(선발관)보다 학생들의 준거달성 여부에 관심
② 모든 학생들이 정상적으로 수업을 받는다면 수업목표를 달성할 수 있다는 발달적 교육관에 기초

예제 검사의 활용

중학교 2학년을 대상으로 농구 지그재그 드리블 검사를 실시하였다. 측정된 검사점수를 전국 규모의 규준과 비교하여 70백분위점수보다 높은 점수를 받은 학생은 수업목표를 달성한 것으로 판단한다면, 이 검사는 규준지향검사인가 준거지향검사인가?

3. 수행평가

① 수업활동 동안 향상되는 부분을 평가에 반영하는 수업활동과 평가활동이 동시에 이루어짐
② 경기와 같은 실제상황에서 능력 평가
③ 평정척도 개발에 주의 요망

4. 신체활동의 평가

직접측정 방법	• 정밀한 실험장비를 활용하는 준거검사와 기구를 통한 직접측정 • 보행계수계(만보기), 심박수모니터, 가속도계 　－ 심박수모니터보다는 심리적 변화와 외부 환경에 영향이 낮아 측정의 오차가 낮은 가속도계를 주로 이용함
간접측정 방법	• 일일기록지, 질문지, 관찰법 　－ 일일기록지는 동기 유발이 어려운 단점을 지님 　－ 질문지는 직접측정 방법에 비해 타당도가 낮으나 대규모 조사나 연구에 주로 활용됨 　－ 관찰법은 비교적 정확한 측정이 가능하나 대상자의 의도적인 행동 변화가 발생될 가능성이 있음

5. 운동기능검사

① 단순기능검사는 신뢰도와 객관도가 높은 반면 타당성이 낮음
② 둘 이상의 기능을 연결하여 실제 상황에서 평가가 가능한 복합기능검사의 활용이 최근 강조됨

6. 경기분석

7. 정의적 · 인지적 영역의 평가

① 인성, 태도, 규칙준수, 심리적 요인과 같은 정의적 영역의 내용을 지도했다면 지도했던 내용을 반드시 평가해야 함
② 일반적으로 정의적 영역은 지속적인 관찰과 체계적인 기록을 근거로 평가하며 복장 및 출석 등을 근거로 기본점수를 부여하는 방식은 지양해야 함
③ 체육을 통한 만족감이나 행복감 등 심리적 변인은 질문지를 통해 주로 평가됨

구분	학생건강체력평가(PAPS)
적용 학년	• 초4~고3
특징	• 건강 관련 체력 위주 : 심폐지구력, 근력·근지구력, 유연성, 체지방 조절력 등 ※ 학생 개인의 건강체력 측정에 초점
종목	• 5개 체력 요인 중 11개 종목 필수 　- 심폐지구력 : 왕복오래달리기, 오래달리기·걷기, 스텝 검사 　- 유연성 : 앉아윗몸앞으로굽히기, 종합유연성검사 　- 근력·근지구력 : (무릎대고)팔굽혀펴기, 윗몸말아올리기, 악력검사 　- 순발력 : 50m 달리기, 제자리멀리뛰기 　- 비만 : 체질량지수(BMI) • 선택(평가) 　- 심폐지구력 정밀평가 : 왕복오래달리기, 오래달리기·걷기, 스텝검사(심박수 측정 　　　　　　　　　　　　장비 사용) 　- 비만 평가 : 체지방(체지방 자동 측정 장비 사용, BIA 방법) 　- 자기 신체 평가 : 자기 신체 평가 20문항(질문지 사용) 　- 자세 평가 : 자세 평가(설문지 사용) ※ 체지방률(%Fat)을 필수평가에서 제외, 체질량지수(BMI)의 비만도 평가기준은 2007년도에 작성한 「소아·청소년 표전 성장도표」상 체질량지수의 성장도표 백분위수를 적용 ※ 3년마다 1회 이상 실시토록 한 선택평가(4종목)를 학교의 자율 선택·실시 ※ 선택평가 중 비만평가를 '체지방률 평가'로 변경
등급 (점수)	• 1~5등급(종목별 20점이며, 절대기준점수는 8점, 전체 100점 만점) ※ 신체활동성취 동기 유발
측정	• 연 1회(학년 초) • 다양한 IT 기술을 적용한 측정도구 사용
활용	• 자신의 건강체력 정보를 누가하여 관리할 수 있고 운동처방을 받음 • 언제 어디서나 자신의 건강체력을 관리할 수 있는 웹 기반으로 구축 • 비만 학생의 선별 및 관리 • 선택 평가가 있음

규준지향검사의 타당도와 신뢰도

01 고전진점수이론

검사도구의 신뢰도와 타당도는 규준지향검사와 준거지향검사에 따라 추정방법이 달라지며, 규준지향 측정은 고전진점수이론의 특정 방법으로 분류된다. 고전진점수이론은 검사를 개발하고 평가할 때 적용되는 전제이다. 고전진점수이론은 측정오차가 관찰점수에 미치는 영향을 설명한다. 따라서 측정된 검사점수의 해석은 고전진점수이론의 가정에 만족될 때 바른 해석이 가능하다.

1. 고전진점수이론과 가정

$$X = T + E$$

- 측정된 관찰점수는 진점수와 오차점수의 합
- 진점수는 측정하고자 하는 속성에 있어서 대상자의 진짜 능력으로 고정된 값으로 가정
- 오차점수는 측정상황에서 발생하는 오차로 측정상황에 따라 값이 변화됨
- 관찰점수(X)와 오차점수(E)는 검사 상황에 따라 달라질 수 있는 무선변인(random variable)

고등학교 1학년 학생을 대상으로 오래달리기 검사를 실시한다고 가정해 보자. 측정 시 현재 상태에서 대상자들의 진짜 오래달리기 능력은 고정적인 것이라 할 수 있겠지만, 검사일의 날씨, 검사장의 환경, 대상자의 컨디션 등 다양한 요인에 의해 측정된 관찰점수는 기대했던 대상자의 진짜 능력을 측정하지 못할 수 있다. 이와 같이 대상자마다 기대했던 진점수와 실제로 측정된 관찰점수의 차이는 오차점수, 즉 측정의 오차인 것이다. 이러한 관찰점수에 대한 정의가 만족되려면, 무한히 반복하여 독립적으로 시행한 검사점수의 평균이며, 한 검사의 오차점수(E)와 진점수(T)의 상관이 없고, 한 검사의 진점수($T1$)와 다른 검사의 오차점수($E2$)는 상관이 없다는 가정이 전제되어야 한다.

(1) $\epsilon(X) = T$	① $\epsilon(X)$란 관찰점수의 기댓값(expected value). 동일한 검사를 동일한 대상자에게 무한히 반복하여 독립적으로 시행했을 때 얻어지는 점수들의 평균 ② 각각의 검사가 다른 검사에 아무런 영향을 주지 않는 독립된 상황에서 이론적 진점수에 대한 기대 가능 ③ 진점수는 검사점수의 타당도 측면에서 특히 고려됨 남학생의 상완근지구력을 측정하기 위해 실시했던 턱걸이 검사는 초등학생들에게 실시하면 난이도가 너무 높아 대부분 낮은 기록을 나타내 실제로는 상완근지구력에 차이가 있는 대상자들 간에도 변별을 할 수 없게 된다. 또한, 경기규칙에 대한 검사에서 검사지가 영어로 만들어졌다면 영어를 잘하지 못하는 대상자는 경기규칙에 대해 잘 알고 있더라도 낮은 점수를 받게 될 것이다.

(2) $\rho_{ET} = 0$	① 모집단에서 측정된 한 검사의 오차점수와 진점수 간 상관은 '0' ② 진점수가 높은 대상자가 낮은 대상자에 비해 오차점수가 체계적으로 높거나 낮지 않음을 의미 검사자가 주관적으로 점수를 부여하는 체조 실기검사를 할 때, 체조 능력이 낮은 대상자들에게는 관대하게 점수를 부여하고 능력이 뛰어난 학생들에게는 엄격하게 평가하여 점수를 부여한다면, 대상자들의 진점수와 오차점수 간에는 부적(negative) 상관이 나타날 것이다. 왜냐하면, 실력이 낮은 학생들, 즉 진점수가 낮은 학생들은 진점수보다 높은 관찰점수를 나타냄으로써 오차점수가 양수(+)로 나타나고, 실력이 높은 학생들, 즉 진점수가 높은 학생들은 진점수보다 낮은 관찰점수를 나타내 오차점수가 음수(−)로 나타나, 결과적으로 오차점수와 진점수 간에는 부적 상관이 나타난다. 학교에서 하루 동안 실시하는 체력검사 전날 체력 수준이 높은 학생들에게 늦게까지 검사장 준비를 시켰다면, 체력 수준이 높은 학생들은 진점수보다 낮은 관찰점수를 나타내 오차점수가 음수(−)로 나타날 것이고, 결과적으로 진점수가 높을수록 오차점수가 음수로 큰 값을 나타내게 되므로, 오차점수와 진점수 간에는 부적 상관이 나타날 것이다.
(3) $\rho_{E1E2} = 0$	① $E1$은 한 검사의 오차점수, $E2$는 다른 검사의 오차점수 ② ρ_{E1E2}는 서로 다른 두 검사의 오차점수 간 상관 ③ 검사점수가 대상자의 피로나 연습효과, 검사 시 대상자의 컨디션, 검사 상황의 분위기, 측정 환경 등에 영향을 받을 때 이 가정은 만족되기 어려움 여러 개의 검사로 구성된 체력검사장의 경우, 대상자들의 피로로 인해 마지막 두 개의 검사에서 대상자의 능력보다 낮은 관찰점수를 나타낸다면 오차점수는 음수가 된다. 이 경우 마지막 두 검사의 오차점수 간에는 정적(positive) 상관이 나타난다. 따라서 서로 다른 검사를 시행할 때 대상자의 피로나 연습효과, 검사 시 분위기나 환경조건 등이 동질적이 되도록 하여 두 검사의 측정오차 간 상관이 없도록 해야 한다.
(4) $\rho_{E1T2} = 0$	① $E1$은 한 검사의 오차점수, $T2$는 다른 검사의 진점수 ② ρ_{E1T2}는 한 검사의 오차점수와 다른 검사의 진점수 간 상관 ③ 어떤 한 검사의 오차점수와 다른 검사의 진점수 간 상관이 '0' ④ 검사 2(또는 검사 1)의 검사점수가 검사 1(또는 검사 2)의 오차점수에 영향을 받거나, 한 검사 내에서 오차점수와 진점수 간 상관이 '0'이라는 가정을 만족하지 못할 때 네 번째 가정은 만족할 수 없음

2. 측정의 오차 ^{2024년 B 11번}

(1) 체계적 오차 (systematic error)	① 검사를 받는 모든 대상자에게 동일하게 발생하는 오차 ② 고전진점수이론에서 체계적 오차는 오차점수로 포함되지 않음 ③ 특정 방향으로 작용하여 오차의 전체 합은 0보다 크거나 작은 값으로 나타남 ④ 타당도 여부를 판단하는 근거 50m 달리기 검사에서 검사자가 초시계를 일관되게 늦게 누르는 경우 모든 학생들의 기록은 0.5초 빨라지게 된다.
(2) 비체계적 오차 (unsystematic error)	① 대상자 개인의 신체적, 심리적 컨디션이나 검사 환경 등 알 수 없는 다양한 원인에 의해 발생하는 무선적인 오차 ② 대상자마다 다르게 나타날 수 있는 오차 ③ 고전진점수이론에서는 비체계적 오차만을 오차점수로 간주함 ④ 오차가 양(+) 또는 음(−)의 방향으로 무선적으로 작용하여 오차의 전체 합은 이론적으로 0에 가까움 ⑤ 신뢰도 수준을 결정하는 근거 50m 달리기를 할 때 일부 학생들이 검사를 받는 상황에 뒷바람이 강하게 불어 기록이 단축되었다면 이는 비체계적 오차라 할 수 있다.

3. 평행검사와 진점수동등검사

(1) 평행검사	① 고전진점수이론의 모든 가정을 만족하는 두 검사의 관찰점수 평균, 분산, 두 검사의 관찰점수와 다른 검사점수 간 상관이 동일함 ② 두 검사의 관찰점수를 X와 X′이라고 할 때, 두 검사를 시행한 대상자들에 대해 $T = T'$, $\sigma_E^2 = \sigma_{E'}^2$ 　　즉, 두 검사의 진점수가 같고 오차점수 분산이 동일함 두 검사의 오차점수 분산이 같다는 것은 측정의 오차를 만드는 다양한 요인들(예 검사 분위기, 검사 환경 등)이 두 검사에서 동일함을 의미한다.
(2) 진점수동등검사	① 고전진점수이론의 모든 가정을 만족하는 관찰점수 $X1$과 $X2$인 두 검사가 모든 대상자에 대해 $T1 = T2 + c12$ ($c12$는 상수) 성립 ② 평행검사에서 요구하는 두 검사의 오차점수 분산이 같아야 한다는 가정이 필요 없어 평행검사보다 덜 엄격함 턱걸이와 팔굽혀펴기가 진점수동등검사이고, 3명의 턱걸이 진점수가 각각 5개, 8개, 10개이며, 상수($c12$)가 15개라면, 3명의 팔굽혀펴기 진점수는 각각 20개, 23개, 25개가 된다.

02 신뢰도 2002년 11번 / 2005년 22번 / 2020년 A 11번 / 2021년 B 7번

신뢰도(reliability)는 안정성(stability), 일관성(consistency), 예측가능성(predictability), 정확성(accuracy), 의존가능성(dependability) 등으로 표현될 수 있다. 신뢰도는 타당도를 위한 전제 조건으로 신뢰도가 높아야 타당도가 높다. 그러나 타당도가 높다고 해서 반드시 신뢰도가 높은 것은 아니다. 신뢰도 계수는 일반적으로 $\rho_{XX'}$으로 나타내는데, 대부분 진점수를 계산해 내기 어렵고 두 검사가 평행검사라는 것을 증명하기 어려워 다양한 방법으로 신뢰도 계수를 추정하게 된다.

1. 신뢰도의 의미

(1) 두 평행검사 간 상관 $\rho_{XX'}$

① 신뢰도 계수를 나타내는 일반적인 방법

② 어떤 검사의 신뢰도 계수는 그 검사와 그 검사의 평행검사 간 상관으로 추정

검사 A에 대한 모든 대상자들의 관찰점수와 검사 A의 평행검사인 검사 B의 관찰점수가 동일하다면 검사 A의 신뢰도 계수 $\rho_{XX'}$은 1.0으로 완벽하다.

(2) 관찰점수 분산(σ_X^2)에서 진점수 분산(σ_T^2)이 차지하는 비율

① 고전진점수이론에 의해 관찰검사는 진점수와 오차점수의 합으로, 관찰점수 분산은 진점수 분산과 오차점수 분산의 합으로 유도

어떤 검사의 신뢰도 계수가 1.0이라면, 관찰점수 분산은 진점수 분산이 된다. 이 경우에는 측정 대상자들의 관찰점수의 차이가 오직 진점수의 차이만을 나타내는 것으로, 측정이 오차 없이 이루어짐을 알 수 있다. 반대로 신뢰도 계수($\rho_{XX'}$)가 '0'이라면, '$\sigma_X^2 = \sigma_E^2$' 이 되고, 이 경우에는 모든 관찰점수들이 오차점수만을 반영한 것이 된다.

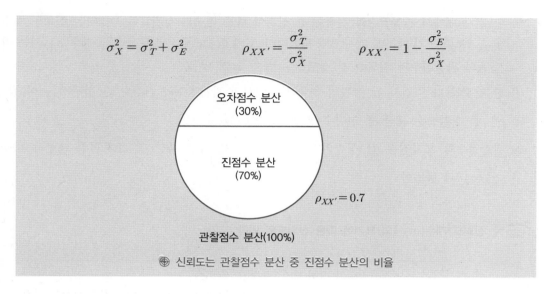

$$\sigma_X^2 = \sigma_T^2 + \sigma_E^2 \qquad \rho_{XX'} = \frac{\sigma_T^2}{\sigma_X^2} \qquad \rho_{XX'} = 1 - \frac{\sigma_E^2}{\sigma_X^2}$$

오차점수 분산
(30%)

진점수 분산
(70%)

$\rho_{XX'} = 0.7$

관찰점수 분산(100%)

◉ 신뢰도는 관찰점수 분산 중 진점수 분산의 비율

② 신뢰도 계수는 오차점수 분산의 관점에서 나타낼 수도 있음

③ 오차점수 분산이 동일한 경우 관찰점수 분산이 클수록 신뢰도 계수가 증가됨. 즉, 동일한 검사에서 관찰점수 분산이 작은 집단(동질집단)보다는 관찰점수 분산이 큰 이질적인 집단에서 신뢰도 계수가 더 크게 나타남

일반 학생들과 레슬링 선수 집단에서 윗몸일으키기 검사를 실시할 때 오차점수 분산이 같다면 이 검사의 신뢰도 계수는 복근에 있어서 레슬링 선수보다는 이질적인 일반 학생 집단에서 더 높게 나타난다.

(3) 관찰점수와 진점수 간 상관의 제곱(ρ_{XT}^2)

$$\rho_{XX'} = \rho_{XT}^2 \qquad \rho_{XX'} = 1 - \rho_{XE}^2$$

① 모든 측정 대상자들의 관찰점수와 진점수가 동일하다면($\rho_{XT} = 1.0$), 관찰점수 분산은 진점수 분산과 동일하여 관찰점수와 진점수 간 상관의 제곱($\rho_{XT}^2 = 1.0$)

② 신뢰도 계수($\rho_{XX'}$)와 관찰점수와 진점수 간 상관(ρ_{XT}) 비교

$\rho_{XX'}$	ρ_{XT}
0.81	0.9
0.49	0.7
0.25	0.5
0.09	0.3

③ 한 검사 내에서 관찰점수와 진점수 간 상관이 다른 검사와 상관으로 추정하는 신뢰도 계수 ($\rho_{XX'}$)보다 크기 때문에 검사 A와 평행검사 A'의 상관으로 추정된 신뢰도 계수($\rho_{XX'}$)는 검사 A의 관찰점수와 진점수 간 상관(ρ_{XT})보다 크지 않음

④ 한 검사와 다른 검사 간 상관의 최대값은 검사의 관찰점수와 진점수 간 상관(ρ_{XT})이 됨

⑤ ρ_{XT}^2은 관찰점수 분산 중 진점수 분산의 비율(σ_T^2/σ_X^2)

⑥ 관찰점수와 오차점수 간 상관의 제곱(ρ_{XE}^2)은 관찰점수 분산 중 오차점수 분산의 비율 (σ_E^2/σ_X^2)과 동일함

참고 신뢰도 계수($\rho_{XX'}$)의 크기에 따른 신뢰도의 의미

신뢰도 계수 = 1	• 검사점수가 오차 없이 측정된 것 • 모든 측정 대상자들의 관찰점수는 진점수와 같고, 관찰점수 분산은 진점수 분산과 같아 관찰점수의 차이는 진점수의 차이를 반영하는 것 • 관찰점수와 진점수 간 상관 = 1
신뢰도 계수 = 0	• 검사점수는 측정의 오차만을 나타내는 것 • 모든 측정 대상자들의 관찰점수는 오차점수와 같고, 관찰점수 분산은 오차점수 분산과 같아 관찰점수의 차이는 오차점수의 차이만을 반영하는 것 • 관찰점수와 진점수 간 상관 = 0, 관찰점수와 오차점수 간 상관 = 1
0<신뢰도 계수<1	• 관찰점수는 진점수와 오차점수의 합 • 관찰점수 분산($\sigma_X^2 = \sigma_T^2 + \sigma_E^2$)은 진점수 분산과 오차점수 분산의 합 • 대상자들의 점수 차이는 진점수와 오차점수의 차이를 모두 반영 • 신뢰도 계수는 관찰점수분산 중 진점수분산이 차지하는 비율(σ_T^2/σ_X^2), 관찰점수와 진점수 간 상관의 제곱(ρ_{XT}^2) 또는 $1-\rho_{XE}^2$으로 나타냄 • 검사의 신뢰도 계수($\rho_{XX'}$)가 클수록 추정의 정확성이 향상됨

2. 신뢰도 계수 추정 방법

(1) 재검사 신뢰도

① 방법: 동일한 검사를 동일 집단에 두 번 실시하여 검사 점수 간 상관으로 신뢰도를 추정하는 안정성 계수

② 추정방법에 따른 문제점

㉠ 반복수행의 효과	• 기억효과, 연습효과, 측정 대상자의 태도 변화, 검사의 측정 환경 변화 영향 발생 기억이나 연습 효과로 모든 대상자들의 검사 점수가 두 번째 검사에서 향상될 경우 신뢰도 계수의 과대추정 발생 두 번째 검사에 대해 성실하게 응하지 않을 경우 과소 추정 발생 • 두 검사의 측정 환경을 동일하게 유지하고, 두 번 검사 모두 피험자의 성실한 참여 유도 후 신뢰도를 추정해야 함
㉡ 두 검사 간 시간간격의 문제	<table><tr><td>시간간격이 짧은 경우</td><td>기억효과, 연습효과 등과 관련된 반복수행 효과 발생</td></tr><tr><td>시간간격이 긴 경우</td><td>성장이나 성숙에 의한 측정 대상자들의 특성 변화 가능성과 검사의 측정 환경 변화와 검사 실시자의 태도 변화 가능성</td></tr></table>• 오래달리기와 같은 체력소모가 많은 검사의 신뢰도 추정 시 재검사 신뢰도 이용은 검사 간 간격을 2주 이상으로 설정하여 체력 소모에 따른 두 번째 검사점수에 영향이 없도록 고려함 • 운동기능 검사는 측정 전 충분한 연습기회를 제공하여 측정 대상자들의 연습 효과가 다르게 나타날 경우를 고려함

③ 신뢰도 확인을 위한 전제 조건

㉠ 측정방법 및 수단	• 재검사에 사용된 측정방법 및 수단은 이미 검증된 표준화된 방법임 • 검사는 정해진 절차에 의해 일관성 있게 실시됨
㉡ 피험자의 능력	• 측정을 반복하는 동안 피험자의 능력은 변하지 않음

(2) 평행검사(동형검사) 신뢰도

① 2개의 동형검사로 동일한 집단에 두 검사를 시행하여 두 검사점수 간 상관으로 신뢰도 추정

② 외형적으로 다른 검사지만 두 검사의 진점수와 오차분산이 같아 측정이론 관점에서 동일한 것으로 간주되는 문항으로 구성된 검사로 신뢰도 추정

③ 평행검사 : 동일한 내용이나 속성, 문항 수, 난이도, 변별도 등의 문항 특성 동일

④ 추정에 따른 문제점

㉠ 검사제작자 능력	• 동형문항을 제작하는 제작자에 따라 신뢰도 계수가 영향을 받음
㉡ 반복수행	• 2개의 검사를 동일 집단에 동시 시행하여 검사 간 시간 간격의 문제가 발생되지 않음 • 재검사 신뢰도보다 간편하게 신뢰도가 추정됨 • 재검사 신뢰도보다 기억효과와 연습효과를 감소시킴

⑤ 표준화 검사의 신뢰도를 추정하는 데 주로 이용됨

(3) 내적일관성 신뢰도

① 반분검사 신뢰도 2024년 B 11번

⊙ 한 번 시행한 검사 점수를 2개로 나누어 두 검사 점수의 상관계수로 추정

○ 재검사 신뢰도가 부적당하거나 평행검사 제작이 어려울 때 사용

ⓒ 반분된 두 부분의 동질성을 유지하여 평행검사가 되도록 해야 함

> 체육 분야의 실기 검사에서 피로와 연습의 효과를 배제하기 위해 앞쪽 시행과 뒤쪽 시행보다는 짝수 시행과 홀수 시행으로 구분하는 것이 보다 적절함

② 스피어만-브라운(Spearman-Brown) 예측 공식으로 전체검사 신뢰도 산출

$$\rho_{XX'} = \frac{N\rho_{YY'}}{1+(N-1)\rho_{YY'}}$$

$\rho_{XX'}$: 전체 검사의 신뢰도 계수 $\rho_{YY'}$: 부분검사의 신뢰도 계수

N : 전체검사를 구분한 부분검사의 수

예제

축구에서 리프팅 검사를 10회 시행하여 홀수 시행과 짝수 시행한 검사 점수의 상관계수를 추정했더니 0.8이었다면, 전체 검사의 신뢰도는 얼마인가?

$$\rho_{XX'} = \frac{2\times(0.8)}{1+(2-1)\times 0.8} = \frac{1.6}{1.8} = 0.89$$

⑩ 장점과 단점

장점	• 단 한 번의 검사 시행으로 신뢰도를 추정할 수 있음
단점	• 검사를 양분하는 방법에 따라 신뢰도가 변화됨 • 재검사 신뢰도와 반분검사 신뢰도 추정에 이변량통계치(bivariate statistic) 상관계수를 활용함

② Cronbach α 계수

㉠ 지필 검사, 설문지 문항의 신뢰도를 추정할 때 주로 사용

㉡ Cronbach α 계수를 추정

$$\alpha = \frac{n}{n-1}(1 - \frac{\sum S_i^2}{S_X^2})$$

S_X^2 : 총점의 분산 S_i^2 : 각 문항의 분산 n : 문항 수

- 5점 리커트 척도로 구성된 생활체육 만족도에 대한 설문지 검사에서 대부분의 학생들이 각 문항에 일관되게 답을 한다면 α계수는 매우 높게 추정됨
- 총점의 분산(S_X^2)에 비해 각 문항들의 분산(S_i^2)이 작을수록 높게 추정됨
- 각 문항에서 피험자들이 유사한 점수를 나타내 각 문항의 분산이 작을 때 높게 추정됨

㉢ 분산의 표준화

$$\alpha = \frac{n\rho}{1 + \rho(n-1)}$$

ρ : 문항 내적 상관의 평균 n : 문항 수

- ρ가 커지면 α계수가 증가됨
- 문항 간 상관이 크다는 것은 1번 문항에서 높은 점수를 얻은 학생이 2번 문항, 3번 문항에서도 높은 점수를 얻는다는 것으로, 이는 피험자들이 각 문항에 일관되게 답한다는 의미로 Cronbach α 계수가 문항내적 일관성의 대표적인 지수로 사용됨

(4) 급내상관계수 2015년 A 4번 / 2025년 A 9번

① 분산분석(ANOVA)을 이용하여 신뢰도를 추정하는 방법

② 신뢰도를 추정하는 논리는 고전진점수이론으로 설명됨

ㄱ 고전진점수이론

$$\rho_{XX'} = \frac{\sigma_T^2}{\sigma_X^2} = \frac{\sigma_X^2 - \sigma_E^2}{\sigma_X^2}$$

- 진점수 분산(σ_T^2)은 관찰점수 분산(σ_X^2)에서 오차점수 분산(σ_E^2)을 뺀 값으로 대신함

ㄴ 일원분산분석

$$\rho_{XX'} = \frac{MS_b - MS_w}{MS_b}$$

- 관찰점수분산은 피험자 간 평균제곱합(MSb)으로 검사를 시행한 피험자 점수 간 평균적인 차이
- 오차점수분산은 피험자 내 평균제곱합(MSw)으로 각 피험자들이 여러 번 시행한 점수 간 평균적인 차이
- 일원분산분석을 적용했을 경우에는 동일한 피험자가 여러 번 검사를 시행했을 때 나타난 점수들의 차이를 오차로 간주함

ㄷ 이원분산분석

$$\rho_{XX'} = \frac{MS_b - MS_i}{MS_b}$$

- 관찰점수분산은 피험자 간 평균제곱합(MSb)
- 오차점수분산은 피험자와 검사시행 간 상호작용의 평균제곱합(MSi)

(5) 심사자 평가의 신뢰도

① 심사자들이 심사대상에게 부여한 점수들 간의 일치성(심사자 객관성 또는 동의성)

② 심사자들이 부여한 점수들의 상대적 서열에 대한 일치성(심사자 일관성)

㉠ 피험자-심사자 내재모형

내재모형(nested model)은 k명으로 구성된 여러 심사자 집단들이 전체 피험자 n명 중에서 무선으로 배정된 일부분(p명)의 피험자를 평가하는 경우이다. 스포츠 현장을 예로 들면 시합에 참가한 전체 선수들 중에서 9~10시에 시합하는 선수들은 k명으로 구성된 심판 A집단이 평가하며, 10~11시는 또 다른 k명으로 구성된 심판 B집단이 평가하고, 오후 2~3시에 시합하는 선수들은 또 다른 k명의 심판 C집단에게 평가받는 형식이다. 즉, 심사자(심판) 집단은 피험자(선수) 집단에 내재(內在)되어 있으므로 각 심사자 그룹이 평가하는 피험자들의 수는 같을 수도 또는 다를 수도 있으며 어떤 심사자의 평가횟수가 다른 심사자와 같을 수도 또는 적거나 많을 수도 있다. 따라서 특정 피험자 개인은 k명의 심사자에게 심사를 받았으므로 각 개인의 평균(또는 합점수)이 산출될 수 있으며, 각각의 피험자 평균점수는 서로 비교될 수 있으므로 피험자 변량으로 분류된다. 하지만 특정 심사자 개인은 전체 n명의 피험자를 평가한 것이 아니고 일부 피험자만 심사하였기 때문에 특정 심사자 열(column) 자료의 평균점수는 서로 비교할 수 없다. 따라서 심사자 간 평균 차이로 발생되는 변량은 측정오차로 간주된다.

결승리그에 진출한 피겨스케이팅 선수 8명의 경기수행력을 평가할 때 선수-심판 내재설계 모형에 기초하여 설명하면, 심판진 A집단(4명)은 처음 3명의 선수를 평가하였고, 또 다른 4명의 심판진 B집단은 다음 3명을 평가하였으며 마지막 4명의 심판진 집단은 나머지 2명의 선수를 평가한 것으로 이해하면 된다.

ICC 모형에서는 두 가지의 급내상관계수를 산출할 수 있다. 첫째, 여러 명의 심사자가 평가한 자료 중에서 어떤 한 명의 심사자 자료를 선정하여 평가했을 때를 가정한 단일도(single measure)와 둘째, 여러 심사자들이 평가한 점수들의 평균을 통해 신뢰도를 추정하고자 할 때 사용하는 평균측도(average measure)이다.

$$ICC_{single} = \frac{MS_B - MS_W}{MS_B + (k-1)MS_W} \qquad ICC_{average} = \frac{MS_B - MS_W}{MS_B}$$

• 선수 평균제곱(MSB)과 잔차(오차) 평균제곱(MSw)에 대한 정보는 선수(피험자)를 독립변인으로 지정하여 분석한 일원변량분석 결과에서 얻을 수 있다.

ⓒ 피험자-심사자 교차모형

교차모형(crossed model)은 심사자 선정 방법에 따라 두 가지로 분류된다. 첫째, 유사한 능력의 심사자 집단에서 k명을 무선추출하여 배정하는 무선효과 모형과 둘째, 심사자 집단에서 특정한 명의 심사자를 임의 선정하여 배정하는 고정효과 모형이다. 여기에서 '무선추출된 심판'이라는 의미는 동일한 수준의 심판자격을 갖춘 여러 명의 심판 중에서 어떠한 조합으로 4명의 심판을 선정하더라도 피험자의 능력을 변별하는 데 차이가 없다는 가정을 만족한다는 것이다. 따라서 무선추출된 심사자들의 신뢰도 추정 결과는 유사집단 전체에 일반화하여 해석할 수 있지만 임의 및 고정 선정한 심사자들의 신뢰도 추정결과는 능력이 유사한 집단에 속한 다른 심사자에게 일반화하는 것은 제한된다.

결승리그에 진출한 피겨스케이팅 선수 8명의 평가를 위하여 협회에서 국제심판 자격을 취득한 모든 심판 중에서 4명을 추첨하여 배정하거나(무선효과) 또는 특정 4명을 임의 선정(고정 효과)하여 배정하는 경우이다. 심사자 요인이 무선 또는 고정인 것에 관계없이 두 모형은 모든 심사자가 7명의 피험자들을 모두 심사하는 피험자-심사자가 완전히 교차된(crossed) 설계이다. 그리고 무선효과와 고정효과 설계의 자료형태는 동일하므로 변량분석 결과 또한 동일하다.

$$ICC_{single} = \frac{MS_S - MS_I}{MS_S + (k-1)MS_I} \quad ICC_{average} = \frac{MS_S - MS_I}{MS_S}$$

- 심사자 일관성 신뢰도는 심사자들이 평가 대상이 소유하고 있는 특성(능력)의 상대적 차이를 변별하는 데 그 목적이 있다. 따라서 한 심사자가 다른 심사자와 상이한 평가기준을 적용하여 피험자들에게 일률적(체계적)으로 높은(또는 낮은) 점수를 부여하더라도 피험자의 능력 차이를 구분하는 상대적 순위(relative ranking)가 변하지 않으므로 일관성 신뢰도에는 전혀 영향을 미치지 않는다.
- 심사자 객관성 신뢰도는 이러한 심사자들의 평정점수 차이로 인해 발생되는 분산을 공식에 포함시킴으로서 피험자의 상대적 능력 차이에 대한 일관성 정도뿐만 아니라 심사자 간의 평가 일치성과 객관성 정도를 반영하여 산출되는 지수이다.
- 변량분석에서 심사자 효과의 평균제곱(MS)은 심사자들이 부여한 점수들의 평균 차이가 클수록 증가한다. 평정점수의 평균이 다르다는 것은 각 심사자가 서로 다른 평가기준을 적용하였다는 의미이므로 심사자 간 평가의 객관성이 결여된다는 것을 의미한다.

ераз

(6) 측정의 표준오차 2021년 A 4번 / 2025년 A 9번

① 한 사람에게 동일한 검사를 무수히 많이 시행하여 얻어지는 검사 점수의 표준편차

② 한 사람의 점수에 대한 평균적인 오차로 측정의 표준오차가 작으면 한 학생의 검사 점수가 다시 측정했을 때에도 비슷하게 나올 가능성이 증가됨

③ SEM 계산

$$SEM = s\sqrt{1-\rho_{XX'}}$$

s : 피험자 집단의 표준편차 $\rho_{XX'}$: 추정된 검사의 신뢰도

예제

고등학교 3학년 남학생을 대상으로 실시한 팔굽혀펴기 검사의 표준편차가 3개, 검사도구의 신뢰도가 0.84일 때, SEM을 구하면?

$$SEM = 3\sqrt{1-0.84} = 3 \times 0.4 = 1.2$$

④ 측정의 표준오차(SEM)의 해석

대상	왕복달리기 기록	측정의 표준오차	신뢰구간 ±1
A학생	10초	0.5초	9.5~10.5초
B학생	11.1초		10.6~11.6초

• 어떤 집단의 검사 점수가 정규분포 했을 때, ±1 SEM 또는 ±2 SEM 신뢰구간(confidence interval)은 두 피험자의 점수를 비교할 때 유용하게 활용됨
• 두 학생의 신뢰구간은 ±1에서 겹치지 않음
• 의사결정: 두 학생의 왕복달리기 능력은 68%(신뢰구간 ±1)신뢰성을 갖고 '차이가 있다.' 또는 'A학생이 B학생보다 왕복달리기를 더 잘한다.'라고 주장함

(7) 신뢰도 영향 요인 2006년 21번

① 신뢰도 계수 종류	• 검사 시행의 간격 • 분산분석 오차점수			
② 피험자 집단 동질성	• 능력의 범위가 넓은(이질집단) 집단 신뢰도 과대 추정 • 능력 범위가 넓은 집단에 검사를 시행할 경우 동일 학년과 동일 수준으로 구분하여 검사 시행			
③ 검사특성(속성)	• 체력요인을 측정하는 체력검사가 운동기능을 측정하는 운동기능검사보다 신뢰도가 높게 추정됨			

	검사		속성	신뢰도 영향의 이유
	체력	팔굽혀펴기	근지구력	최대한 힘과 노력이 요구되어 피험자는 최선을 다할 가능성으로 반복되는 검사에서 상대적으로 일관된 결과가 나타남
		윗몸일으키기		
	운동 기능	농구 자유투	정확성	외형적으로 나타나는 피험자 능력 외에 피험자의 심리적 상태 조절에 따라 반복되는 검사에서 결과가 변화됨
		배드민턴 서브		

④ 검사방법	• 단순한 검사일수록 신뢰도 과대추정
⑤ 검사길이	• 문항의 수가 많을수록 신뢰도 증가
⑥ 피험자 검사받을 준비	• 검사방법에 대해 충분한 이해 시 신뢰도 증가 • 생리적, 심리적으로 검사받을 준비 확인
⑦ 피험자 수	• 피험자 수 증가 시 신뢰도 증가

(8) 객관도 2008년 21번 / 2012년 36번 / 2013년 34번 / 2016년 B 5번 / 2023년 A 2번

① 개념	평가자 간 신뢰도로 2명 이상의 평가자에 의해 부여된 점수 간 일치 정도		
② 용어	평가자 신뢰도, 채점자 신뢰도, 평가자 간 신뢰도		
③ 객관도 이용	㉠ 선발과 보상 제공 ㉡ 입학고사		
④ 검사 기준의 명확성에 따른 객관도 변화	낮은 객관도	수행하기 쉬운 종목	
		육상 단거리 스타트 자세	
	높은 객관도	수행하기 어려운 종목	
		체조 물구나무 서기 성공 여부	
⑤ 수행평가에 대한 객관도 확보			
⑥ 객관도 유사개념	평가자 간 일치도	평가자 간 동의도, 관찰자 합치도(합의성)	
	일반화 가능도	측정된 표집 점수에 대한 일반화 가능성	
⑦ 객관도 향상 전략	㉠ 명확한 채점기준 작성 ㉡ 채점기준에 대한 합의 ㉢ 채점기준 구체화 ㉣ 채점기준에 대한 평가를 교사들 간에 실시 ㉤ 평가내용을 학생들에게 자세히 설명 ㉥ 좋은 수행과 나쁜 수행의 예 제시 ㉦ 평가배점 사전 예고		

03 **타당도** : 검사가 측정하고자 하는 속성을 제대로 측정하는가?

2005년 23번 / 2006년 22번 / 2007년 22번 / 2009년 35번

1. 내용 타당도 2003년 17번 / 2012년 35번 / 2021년 A 11번

① 객관적인 자료에 근거하지 않고 검사내용을 전문가 주관으로 판단

② 가장 기초적인 타당도

③ 이원목적분류표에 의한 내용타당도 검증

내용		행동		%
	지식	이해	적용	
경기방법	1, 6			20.0
경기구성	2		3	20.0
경기용어	7	10		20.0
경기규칙				40.0
서비스	4			10.0
코트 교대			5	10.0
실점	8, 9			20.0
%	70.0	10.0	20.0	100.0

④ 논리 타당도

　㉠ 검사가 특정 운동수행에 가장 중요한 기능 요소를 측정하고 있는 정도

　㉡ 논리 타당도의 검증기준

　　• 중요하지 않은 운동기능 요소가 검사에 의해 측정되고 있는가?

　　• 중요한 운동기능 요소가 검사에서 생략되었는가?

　　• 검사에서 부적절하게 특정 운동기능 요소가 강조되고 있는가?

. 참고

측정하고자 하는 속성이 명확한 정의를 내리기 어려운 정의적 영역과 관련된 내용은 전문가마다 다른 판단을 내릴 수 있어서 내용타당도에 의한 검사도구의 타당성 입증은 논란의 여지가 있다. 또한, 정량화하여 검증하지 않기 때문에 타당성 정도를 나타낼 수 없다는 단점이 있다. 이러한 단점에도 내용타당도는 가장 기초적인 타당도로 검사를 개발할 때 가장 먼저 고려되어야 한다. 즉, 검사 개발자는 검사의 하위 항목을 개발할 때 각 항목들이 내용타당성을 확보하고 있는지 우선적으로 고려해야 한다. 계량화되지 못한다는 내용타당도의 단점을 해결하는 데 전문가들의 평정 일치도를 내용타당도 지수로 사용하는 경우도 있다. 예를 들어, 축구 지식검사의 내용타당성을 두 명의 축구 전문가가 매우 타당(1), 약간 타당(2), 약간 타당하지 못함(3), 전혀 타당하지 못함(4)의 4점 척도로 각 문항별로 평가하게 한 후, 매우 타당과 약간 타당에 두 명 전문가의 일치한 정도와 약간 타당하지 못함과 전혀 타당하지 못함에 두 명 전문가의 일치한 정도를 산출한 일치도(P)와 매우 타당과 약간 타당에 두 명 전문가의 일치한 정도인 내용타당성 지수(CV)를 산출하여 내용타당성을 계량화하여 활용할 수 있다. 두 명 전문가에게 검사 문항의 내용타당성을 4점 척도로 평정하게 한 후에 내용타당도 평정일치도(P)와 내용타당성 지수(CV)는 다음과 같은 공식으로 계산할 수 있다.

구분	전문가 B		
전문가 A	평가	1 또는 2	3 또는 4
	1 또는 2	a	b
	3 또는 4	c	d

$$\text{평정의 일치도(P)} = \frac{a+d}{a+b+c+d} \qquad \text{내용타당도 지수(CV)} = \frac{a}{a+b+c+d}$$

내용타당도를 계량화하기 위하여 여러 명의 전문가에게 델파이조사를 실시한 후에 내용타당성 지수(CVR)를 산출하여 활용할 수도 있다. CVR은 교육과정이나 교육모형을 구성하는 하위요인(항목)의 내용타당성을 검증할 때 많이 활용되는데, 전문가 집단에게 CVR을 조사하여 지필검사의 구성 요인이나 개별 문항들의 내용타당성을 검증할 수 있다. Lashe(1975)에 의해 제안된 CVR은 다음 공식과 같이 계산되며, 조사에 참여한 전문가의 수가 10명일 때 CVR 값이 0.62 이상이면 내용타당도를 확보한 것으로 판단한다. 공식에서 N_e는 5점도로 조사했을 때 매우 타당과 약간 타당에 응답한 전문가의 수이며, N은 응답한 전문가의 수이다.

문항번호	1	2	3	4	5	6	7	8	9	10
전문가 A	1	1	4	2	1	1	2	2	4	2
전문가 B	3	2	3	2	2	2	2	2	3	3
종합평가	c	a	d	a	a	a	a	a	d	b

$$\text{내용타당성 지수(CVR)} = \frac{N_e - \dfrac{N}{2}}{\dfrac{N}{2}}$$

2. 준거 관련 타당도 2003년 16번 / 2012년 35번 / 2020년 A 11번

(1) 공인 타당도	① 타당성을 입증 받고 있는 검사에 의해 측정된 점수와 교사가 새로 개발한 검사점수의 관련성으로 추정 ② 현장 검사의 적합성 평가에 자주 사용됨 ③ 상관계수에 의해 구체적으로 추정되어 객관적인 정보 제공

> 심폐기능의 준거 검사(트레드밀을 이용한 가스분석 검사)-현장검사(오래달리기-걷기) 두 검사점수 간 상관계수로 오래달리기-걷기 검사의 공인 타당도 추정

상관분석을 이용한 턱걸이 대체 종목 선정

내용타당도에서 언급한 '수량화된 정보의 부재'를 상관분석을 적용해서 보완할 수 있다. 내용타당도 검사의 목적이 턱걸이를 대체하는 종목을 선정하는 것이므로 턱걸이 기록과 가장 '닮은 꼴'의 측정값을 나타내는 종목이 타당하다고 볼 수 있다. 이때 턱걸이가 최적 기준 역할을 하며 악력, 팔굽혀펴기, 플랭크와의 관계를 산출된 상관계수로 비교한다.

지원자	A. 턱걸이(회)	B. 악력(kg)	C. 팔굽혀펴기(회)	D. 플랭크(초)
1	15	61	63	215
2	10	47	50	169
3	0	41	22	124
4	3	30	25	117
5	8	46	40	175
6	5	55	35	150
7	12	70	57	265

r_{AB}=.74, r_{AC}=.99, r_{AD}=.81

표의 상관계수에 따르면 턱걸이 기록과 닮은 정도는 팔굽혀펴기 > 플랭크 > 악력 순으로 나타났다. 전문가 패널에서 결정한 바와 동일하게 상관계수가 가장 큰 팔굽혀펴기(C)를 대체 종목으로 선정할 수 있다. 내용타당도가 갖는 단점을 이와 같은 절차로 보완하고 내용타당도에서 내린 결정을 보다 객관적인 근거로 지지할 수 있다.

④ 준거검사와 측정하고자 한 속성과의 관계 정도에 따라 변화함

(2) 예측 타당도	① 현재에서 현장검사로 미래행동을 예측하는 정도 ② 현재(대학교 체육과 입시의 실기검사 점수)−미래 준거검사(임용고시의 실기 검사 점수) 점수 간 상관관계로 예측 정도 추정 　• 오래달리기−걷기 검사(현장 검사)를 통해서 최대산소섭취량(현재의 실험실 검사 준거행동)을 예측 　• 신체 3~4부위의 피하지방(현장 검사)을 통해서 체지방률(현재의 실험실검사 준거행동) 예측 ③ 예측 타당도 검증을 위해 일정 기간 동안의 시간이 요구됨 **추정 절차** ㉠ 200명 이상 충분한 표본의 무선 표집 ㉡ 현장검사와 준거검사 실시 ㉢ 현장검사와 준거검사 점수 간 상관 산출 후 두 검사 점수 간 선형적 관계가 나타나면 교차타당화 절차 수행 ㉣ 동일한 표본의 두 집단 무선할당 ㉤ 집단1에 대한 회귀방정식 산출 ㉥ 산출된 회귀방정식에 집단2의 현장 검사 점수 대입하여 준거검사 점수 추정 ㉦ 추정된 준거검사 점수와 집단2의 준거검사 실제 측정한 점수의 상관 산출(상관이 클수록 현장검사의 예측력이 높음) ㉧ 추정의 표준오차 산출

참고 **교차타당화를 위한 회귀식**

• 두 변인 간 상관은 두 변인의 공통적 요소를 반영
• 회귀방정식은 두 변인의 관계로 한 변인의 변화를 통한 다른 변인의 변화를 예언 가능
• 단 두 변인은 동간척도 이상의 속성일 때 활용 가능하며 측정오차가 없다는 가정 요구(현장검사와 준거검사 점수 간 상관이 높으면 가정 성립)

회귀방정식	회귀직선식 : $Y = bX + a$ Y : 예언 점수 b : 기울기(회귀 계수) a : Y의 절편(상수)
추정의 표준오차 (standard error of estimation)	• 회귀방정식의 정확성 정도를 나타내는 지수 • 두 검사 점수 간 상관이 클수록 추정의 표준오차는 작고, 추정의 표준오차가 작을수록 예측력이 정확함 $$SEE = s_y \sqrt{1 - r_{xy}^2}$$ sy : 준거검사 점수의 표준편차 r_{xy}^2 : 두 검사 점수 간 상관을 제곱한 값

3. 구인 타당도 2006년 23번 / 공청회 17번 / 2021년 A 11번

(1) 개념

구인이란 정신력, 집중력 등의 심리적 요소와 같이 직접 측정할 수 없는 특성으로, 구인 타당도란 검사도구가 측정하고자 하는 이론적 구인이나 특성을 제대로 측정하고 있는 정도이다.

(2) 판단기준

검사가 측정하고자 하는 구인으로 구성되어 있다면 이 검사는 구인 타당도 확보로 판단한다.

> **참고 구인 타당도의 활용**
>
> 체육교사가 드리블, 슛, 패스, 경기 능력 등 4개의 구인으로 구성된 검사를 개발했다고 가정하자. 물론 축구 기능 검사의 하위 구인들, 즉 드리블, 슛, 패스, 경기 능력 검사들은 모두 이론에 근거하여 개발되었고, 각 검사들의 내용 타당도가 확보된 것으로 가정되었다. 검사를 학생들에게 시행하여 자료를 얻고 분석한 결과 경기능력 검사가 측정하고자 했던 구인인 축구 기능과 거리가 먼 것으로 나타났다면, 다음과 같은 3가지 경우 중 하나일 것이다. 첫째, 경기능력 검사를 잘못 시행했을 경우, 둘째, 검사 개발 시 근거한 이론이 잘못된 경우, 셋째, 경기 능력 검사가 축구 기능을 제대로 측정하지 못하는 경우이다. 첫 번째 경우는 검사 시행 과정을 면밀히 살펴보고 문제점이 없었는지 확인하고, 두 번째 경우는 이론을 재검토해야 할 것이다. 만약 2가지 경우에서 문제점이 없었다면, 이 검사는 구인 타당도가 확보되지 못한 경우라 판단할 수 있어, 경기 능력 검사를 제거한 후 나머지 3가지 검사로 학생들의 축구 기능을 평가하는 것이 적절할 것이다. 이와 같이 구인 타당도는 검사점수가 측정하고자 했던 특성을 제대로 측정하는가의 문제로 타당도 본래의 의미와 동일하다. 이에 최근에는 타당도를 삼분법으로 구분하지 않고 타당도는 구인 타당도를 의미하는 것으로, 내용 타당도와 준거 타당도는 구인 타당도를 뒷받침하는 하나의 증거로 받아들인다.
>
> 구인 타당도는 검사 기록이나 설문지의 응답 자료를 토대로 통계적인 방법에 의해 검증되므로 과학적이라 할 수 있다. 또한, 현장에서 3~4개의 하위 검사로 구성된 실기 검사장을 제작할 때 타당도의 검증 방법으로 유용하며, 심리적인 특성을 측정하는 설문지 문항을 제작할 때에도 유용한 타당도 검증 방법이 될 수 있다. 이러한 장점 때문에 최근에는 구인 타당도를 중요시하고 있으며, 내용 타당도와 준거 관련 타당도가 구인망(network of construct)을 구축하는 증거로 받아들여져야 한다는 주장이 제기되고 있다(오수학, 2000; Messick, 1995). 요인 분석과 같은 통계 방법을 이용하여 구인 타당도를 검증할 때 주의할 점은 측정된 자료가 요구되는 가정(예 다변량정규성 가정)을 만족해야 하고, 적어도 100명 이상의 많은 측정대상자가 필요하다는 것이다.

(3) 구인 타당도 검증 2025년 B 9번

① 상관계수법	⊙ 하위 검사문항(축구 드리블 검사)으로부터 얻은 점수와 측정하고자 하는 구인 (축구 기능) 총점과의 상관계수로 검증		
	ⓛ 수렴타당도와 판별타당도	수렴 타당도	동일한 구인을 측정하는 검사 간 높은 상관 상완 근지구력 측정검사 점수와 팔굽혀펴기, 턱걸이, 팔굽혀 매달리기 검사 점수 간 상관이 높아야 동일한 구인을 측정하는 검사로 인정
		판별 타당도	서로 다른 구인을 측정하는 검사 간 낮은 상관 심폐지구력을 재는 오래달리기 검사와 순발력을 재는 제자리높이뛰기 검사 점수 간 상관이 낮아야 두 검사는 서로 다른 구인을 측정하는 검사
② 실험설계법	⊙ 실험집단과 통제집단으로 구분 ⇨ 실험집단에는 하위 구인 처치 ⇨ 두 집단의 검사점수 차이 측정 실험집단(축구 기능검사의 하위 검사인 경기 능력에 대해 교육을 받은 집단)−통제집단(받지 않은 집단) 간 검사점수 ⓛ 독립 t검정과 분산분석으로 집단 차이 검증 축구 기능검사 ⇨ 선수와 일반 학생 각각 검사 ⇨ 선수의 검사점수가 일반 학생의 검사점수보다 높음 ⇨ 축구 기능검사는 구인 타당도가 확보된 것으로 판단		
③ 요인분석	⊙ 여러 변수들 간 상호관계를 분석하여 상관이 높은 변수들을 모아 요인으로 명명 ⓛ 스포츠 심리학이나 스포츠 사회학에서 설문지 작성에 필요한 구인 타당도 검증 ⓒ 3~4개의 하위 검사로 구성된 현장실기 검사장 제작을 위한 구인 타당도 검증		
	탐색적 요인분석	개념들 간의 관계를 탐색적으로 파악하고자 할 때 사용	
	확인적 요인분석	선행연구를 통해 개념을 구성하는 요인에 대해 합의가 된 후 해당 개념이 정말 타당한가를 확인하고자 할 때 사용	

4. 타당도와 신뢰도의 관계

(1) 고전검사이론

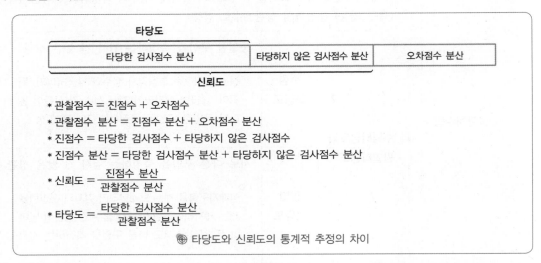

* 관찰점수 = 진점수 + 오차점수
* 관찰점수 분산 = 진점수 분산 + 오차점수 분산
* 진점수 = 타당한 검사점수 + 타당하지 않은 검사점수
* 진점수 분산 = 타당한 검사점수 분산 + 타당하지 않은 검사점수 분산
* 신뢰도 = $\dfrac{\text{진점수 분산}}{\text{관찰점수 분산}}$
* 타당도 = $\dfrac{\text{타당한 검사점수 분산}}{\text{관찰점수 분산}}$

◉ 타당도와 신뢰도의 통계적 추정의 차이

* 고전검사이론에 근거하여 타당도 계수는 관찰점수 분산 중에 타당한 검사점수 분산이 차지하는 비율로 산출된다.
* 신뢰도 계수 산출 시 분자에 대입되는 진점수 분산은 진점수 중 타당한 검사점수와 타당하지 않은 검사점수에 의해 나타나는 분산이 모두 포함되는 반면, 타당도 계수는 타당한 검사점수에 의해 나타나는 분산만 타당도 부분으로 간주하여 산출된다.

(2) 진점수 분산 중 타당한 검사점수 분산과 타당하지 않은 검사점수 분산

'타당한 검사점수'는 검사가 측정하고자 하는 속성을 제대로 측정하는 타당한 정도에 따라 측정대상자들의 검사점수에서 차이가 있어 나타나는 것이 '타당한 검사점수 분산'이다. '타당하지 않은 검사점수'는 체계적 오차에 의해 나타나는 점수로, 고전진점수이론 부분에서 설명했던 것과 같이 모든 대상자들에게 동일하게 적용되는 오차인 체계적 오차에 의해 영향을 받아 대상자들이 나타내는 점수들의 분산이 '타당하지 않은 검사점수 분산'이다.

(3) 타당도 계수 추정 시에는 체계적 오차에 의해 대상자들에게 나타나는 타당하지 않은 진점수 분산은 타당도 부분으로 포함되지 않아 타당도 계수 추정 시 분자에 포함되지 않는 것에 주의해야 함

> 무선 오차 또는 비체계적 오차로 나타나는 점수는 고전진점수이론에서 오차점수를 의미하는 것으로 신뢰도 계수 추정과 관련된 오차이다. 즉, 신뢰도 계수 추정 시 분자에 대입되는 진점수 분산은 무선 오차에 의한 오차점수 분산을 제외한 진점수 분산이 모두 포함된다.

(4) 신뢰도가 높다는 것은 타당도가 높기 위한 필요조건

> 타당도가 높으려면 신뢰도가 높아야 하지만, 타당도가 낮다고 해서 신뢰도 역시 낮다고 할 수는 없다. 또한, 신뢰도가 높다는 것은 타당도가 높기 위한 필요조건이지만 충분조건은 아니다.

> 타당도 계수 추정 시 분자에 대입되는 요소가 진점수 분산 중 타당한 검사점수 분산만 포함되므로, 검사점수의 타당도 계수는 신뢰도 계수의 제곱근을 초과할 수 없게 되어 추정된 타당도는 결국 신뢰도보다 낮다.

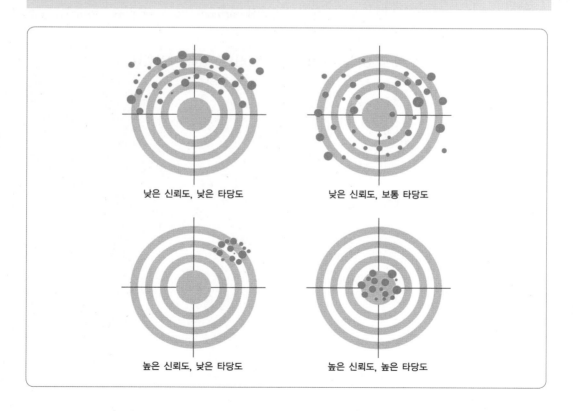

낮은 신뢰도, 낮은 타당도

낮은 신뢰도, 보통 타당도

높은 신뢰도, 낮은 타당도

높은 신뢰도, 높은 타당도

04 규준 기준 체력검사에서 타당도, 신뢰도 확인 절차

1. 타당도 확인 절차

① 측정하고자 하는 현장 체력검사 점수를 확인한다.

② 동일한 체력검사 요인을 측정하는 준거검사를 확인한다.

③ 동일한 수검자를 대상으로 현장 체력검사와 준거검사를 번갈아 실시한다.

④ 회귀분석을 적용하여 현장 체력검사 점수와 준거검사 간의 상관관계를 확인한다.

⑤ 현장 체력검사가 준거검사치를 추정하는 목적으로 사용될 경우 추정의 표준오차를 제시한다.

2. 신뢰도 확인 절차

① 수검자 표본을 대상으로 첫 번째 체력검사를 실시한다. 만약 검사자 간 신뢰도(객관도)평가가 목적일 때는 2명 이상 검사자가 동시에 측정을 실시한다.

② 동일한 수검자 표본을 대상으로 두 번째 체력검사를 실시한다.

③ 일원변량분석 방법을 적용하여 급내상관계수(intraclass correlation coeficient : ICC)를 산출하고 총 변동, 개인 간 변동, 개인 내 변동(오차)을 비교한다.

④ 체력검사를 한 번만 시행할 경우는 반분신뢰도(Spearman-Brown prophecy formula)를 계산하여 신뢰도를 추정한다.

⑤ 측정의 표준오차와 함께 신뢰도 추정치의 95% 신뢰구간을 제시한다.

03 준거지향검사의 타당도와 신뢰도

01 타당도

검사는 사용목적에 따라 규준지향검사(Norm-Referenced Test : NRT)와 준거지향검사(Criterion-Referenced Test : CRT)로 구분된다. 준거지향검사는 교육목표나 건강과 같은 절대적인 준거에 비추어 피험자를 평가하기 때문에 신뢰도보다 타당도가 더 중요하게 여겨진다. 또한 준거지향검사는 설정된 기준에 따라 합격/불합격과 같이 이분법적으로 피험자를 구분하기 때문에 평가기준을 작성하는 과정이 매우 중요하다. 준거지향검사의 평가기준을 설정하는 방법은 학자에 따라 다양한데 기준을 설정할 때 평가자의 주관적 판단이 개입되는 것이 불가피하여 자의성을 갖게 되고, 이에 따라 피험자를 잘못 분류하는 문제점이 발생한다.

1. 영역 관련 타당도

(1) 개념	• 준거행동에 기초하여 운동수행력 측정
(2) 준거행동	• 검사목표로 준거행동의 각 구성요소가 준거지향검사의 구성항목에 포함되어야 함 • 준거행동에 대한 명확한 정의로 영역관련 타당도 확보 가능 • 영역이란 준거행동을 의미함 건강이라는 준거행동을 설정해 놓고, 체지방률을 추정하기 위해 피부두겹검사를 할 때 어떤 부위를 측정해야 할까? 피부두겹을 측정할 수 있는 인체의 모든 부위 중에서 지방이 많아지면 건강에 위험을 알릴 수 있는 이론적으로 가장 적절한 부위를 선정해야 한다. 만약 이 검사가 적절하게 부위를 선택하였다면 영역 관련 타당도가 확보되었다고 판단할 수 있다.

2. 결정 타당도 ^{2022년 B 10번}

(Ⅰ) 분류기준 설정 방법	① 판단적(주관적) 방법	• 전문가 집단의 판단을 기초로 준거행동 기준 설정 • 설정된 기준의 자의성 문제 발생	
	② 규준적 방법	• 기준 설정을 위해 규준지향 자료를 사용 • 이론적으로 받아들여지는 기준이 선택됨 • 기준은 이용가능한 규준과 전문가의 판단에 의해 설정	
	③ 경험적 방법	• 경험적으로 수집된 자료를 근거로 기준을 설정 • 기준의 속성을 다른 척도에서 활용할 수 있을 때 활용 • 준거설정이 가능하고 이상적인 목표치를 나타내는 경험적인 자료를 기반으로 직접 설명하므로 임의성이 가장 적음 • 기준점을 결정하기 위한 검사와 준거 간의 상관이 상대적으로 높음	
	④ 복합적(혼합적) 방법	• 두 가지 이상의 준거설정 방법을 통합하여 준거를 설정하는 방법 • 주관적 방법과 경험적 방법으로 구한 준거를 비교분석하고 통합하여 보다 타당한 준거를 설정하는 방법 체력검사의 전국 규준, 체육교사의 의견 그리고 체육수업을 수행하는 최소한의 체력 등 여러 준거설정 방법으로 구한 준거의 평균으로 준거를 설정한 경우이다.	
		㉠ 판단－경험적 방법	• 검사 사용자뿐만 아니라 자료에 대한 판단을 필요로 함 • 대비 집단 방법을 활용함
		㉡ 경험－판단적 방법	

(2) 피험자의 참 상태를 분류하는 경험적 방법	**① 준거검사 활용**	• 준거검사에 의한 피험자 분류 　－ 준거검사 : 체지방률 검사 　－ 현장검사 : 복부둘레 검사 　－ 2개의 점수 분포 곡선이 교차하는 점을 기준으로 설정 　－ 비만 상태를 예측하는 복부둘레 검사의 준거지향 기준 　　으로 이용 　－ 점수 분포 곡선의 교차점이 100cm일 때, 복부둘레 검 　　사에서 100cm를 초과하면 비만, 100cm 이하는 정상으 　　로 판정
	② 준거집단 활용	• 2개의 준거집단을 선정하여 두 집단의 점수분포 교차점 　을 기준으로 피험자 구분 학습 전의 집단을 미수자 집단으로 구분하고, 학습 후의 집단을 완수자 집단으로 구분하여 두 집단의 점수 분포에 서 교차점을 기준으로 설정할 수 있다.
	③ 경계집단 활용	• 완수자와 미수자로 분류되지 않는 피험자를 경계집단으 　로 구분하고 경계집단의 중앙값을 기준으로 피험자 분류 • 불완전학습자 진단의 점수분포가 준거설정에 영향을 주 　지 않는 장점 • 논리적이고 타당한 완전학습자 집단의 최저점수와 불완 　전학습자 집단의 최고점수의 설정이 어렵고 두 점수가 　준거에 영향을 미침 　－ 완전학습자로 판정하기 위한 기준점수 : 완전학습자 집 　　단의 최저점수 　－ 불완전학습자 집단의 최고점수 　－ 상기 최저점수와 최고점수 사이의 중앙값

(2) 피험자의 참 상태를 분류하는 경험적 방법	④ 대비(대조) 집단 방법	• 전문가나 교사의 주관적 판단에 의해 성취/미성취 집단으로 구분하고 두 집단의 검사점수 분포에서 교차점을 준거로 설정 • 명확한 집단의 구분이 어렵고, 두 집단의 능력 특성에 따라 준거가 달라진다는 단점 학생의 능력에 대한 교사의 지식에 근거하여 교사는 학생들을 숙달 혹은 미숙달로 분류한 다음 전체 학생에 대한 검사를 시행한다. 두 집단(숙달/미숙)에 대한 점수 분포도는 이미 제작해 둔 상태이며 이제 그것을 아래 그림처럼 비교하여 겹치는 부분을 찾아본다. 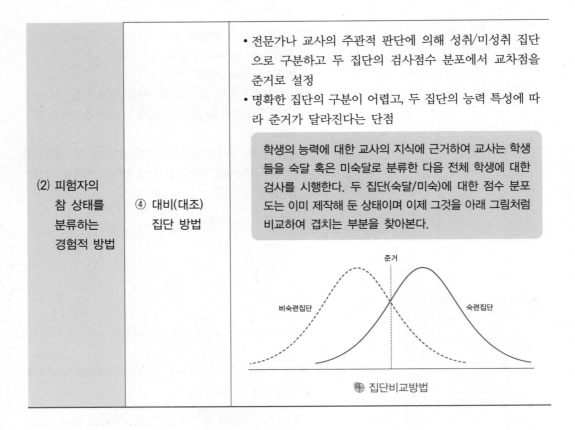 ⊕ 집단비교방법

3. 경험적 방법에 의한 결정 타당도 2019년 A 8번 / 2024년 B 11번

(1) 개념	피험자 분류에 대한 정확한 비율(분류의 정확성)
(2) 결정 타당도 추정	① 유관표 사용

① 유관표 사용

		참 상태	
		완수 (mastery)	미수 (nonmastery)
예측 상태	완수 (mastery)	진완수자 (true mastery)	오완수자 (false mastery)
	미수 (nonmastery)	오미수자 (false nonmastery)	진미수자 (true nonmastery)

② 참 상태는 피험자의 실제 상태로 오류 없이 분류한 것으로 가정
③ 예측상태는 검사를 통하여 피험자 분류, 즉 오차 인정
④ 유관표에서 진완수자와 진미수자의 비율이 높을수록 결정 타당도 증가
⑤ 결정 타당도 지수는 분류정확 확률 값으로 진완수자와 진미수자의 비율을 합산한 값
⑥ 결정 타당도 0.50은 '타당도가 전혀 없다.'로 해석
⑦ 분류오류 확률은 오완수자와 오미수자의 비율을 합한 값

예제 **준거검사(체지방률 검사)에 대한 결정검사(복부둘레 검사)의 타당도 계산**

		준거검사	
		비만	정상
결정검사	비만	80명(42%)	20명(11%)
	정상	15명(8%)	75명(39%)

• 분류정확 확률:
• 분류오류 확률:
• 결정 타당도 지수:
• 준거지향검사를 제작할 때, 분류정확 확률을 높이려면 진완수자와 진미수자의 비율이 많아지도록 기준점을 설정해야 함

02 신뢰도(분류의 일관성)

준거지향검사에서 신뢰도는 분류의 일관성(consistency of classification)으로 정의된다. 즉, 준거지향검사를 두 번 반복하여 실시했을 때 처음 검사에서 완수자로 분류된 피험자가 두 번째 실시한 검사에서도 다시 완수자로 분류된다면 신뢰도가 높은 것이라 할 수 있다. 따라서 준거지향검사에서 신뢰도를 추정하기 위해서는 먼저 준거지향검사를 일정 기간에 걸쳐 두 번 실시하고, 1차 검사에서 완수 또는 미수로의 분류가 2차 검사에서도 동일하게 분류되는지를 확인해야 한다. 경계손실 일치도계수인 일치도, 카파 계수는 기준점수로부터 멀리 떨어져 있는 분류오류와 근접한 분류오류의 심각성이 동일한 것으로 가정하고 신뢰도를 추정한다.

1. 합치도 2013년 30번 / 2014년 B 논술 2번 / 2018년 A 10번 / 2022년 B 10번

(1) 개념	준거지향검사에서 우연적으로 합치되는 경우를 고려하지 않은 상태에서 분류의 합치 비율		
(2) 합치도 계수(P) 산출	① 합치도 계수 측정을 위한 유관표		

① 합치도 계수 측정을 위한 유관표

		2일째 검사 완수	2일째 검사 미수
1일째 검사	완수	A 45(0.45)	B 12(0.12)
	미수	C 8(0.08)	D 35(0.35)

※ P=0.45+0.35=0.80

② 결정 타당도 계수는 준거검사와 결정검사를 실시하여 유관표 작성, 합치도 계수는 동일한 검사를 두 번 실시하여 유관표 작성

(3) 합치도 계수 영향요인	① 기준점수 위치	기준점수가 평균에 가까운 것보다는 양 극단에 위치할 때 합치도 계수 과대 추정
	② 검사의 길이	검사 문항수와 합치도 계수 비례
	③ 점수의 이질성	점수 이질성 정도와 합치도 비례

(4) 특징	① 준거지향검사의 합치도 계수(P)는 우연에 의한 영향을 받기 때문에 0.50 이하의 값은 의미 없음(P=0.50은 P=0.00과 동일 의미로 해석됨) ② 합치도 계수(P)는 완수자 또는 미수자가 많은 집단일수록 증가되는 경향이 있고, 기준점(cut-off score) 근처에 위치한 학생이 많을수록 감소됨 ③ 표본수가 작은 경우와 큰 경우에 추정한 값이 유사하여 30명 정도의 소표본에서 합치도를 추정하는 데 주로 활용됨 ④ 합치도 계수는 실제로 완수자인 피험자가 우연히 두 번의 검사에서 모두 미수자로 분류될 수 있는 우연적 합치를 고려하지 못하는 단점을 지님

2. 카파 계수

(1) 개념	우연히 두 번의 검사에서 모두 완수자나 미수자로 분류된 피험자의 영향을 배제한 준거지향검사의 신뢰도 지수
(2) 카파 계수 산출	주변 비율 이용

$$P(합치도) = 0.45 + 0.35 = 0.80$$

1일째 검사	2일째 검사	
	완수	미수
완수	A 45(0.45)	B 12(0.12)
미수	C 8(0.08)	D 35(0.35)

$$k = \frac{P_0 - P_c}{1 - P_c}$$

P_0 : 일치도 계수 P_c : 우연에 의해 일치된 정도

$$P_c = \sum P_i P_j$$

P_i, P_j : 주변 비율

$$P_0 = 0.80, \ P_c = (0.57 \times 0.53) + (0.43 \times 0.47)$$
$$= 0.3021 + 0.2021 = 0.5042$$

$$k = \frac{P_0 - P_c}{1 - P_c} = \frac{0.80 - 0.5042}{1 - 0.5042} = 0.597$$

(3) 특징

① 우연적 합치의 영향을 배제한 지수로 동일한 유관표에서 계산된 카파 계수(0.60)는 합치도 계수(0.80)에 비해 낮게 추정됨

② 해석상 의미 있는 카파 계수(k)의 범위는 0.00~1.00에 해당하는 긍정적으로 기여하는 정도로 음수의 k는 신뢰도 측면에서 의미가 없음

③ 피험자의 점수 분포 극단에 기준점수가 위치할수록 카파 계수는 낮게 추정됨

④ 대표본보다 소표본에서 과대 추정됨

3. 심사자 평가의 동의도

(1) 심사자들이 부여한 자료의 일관성과 심사자 간 점수 일치성에 대한 분석

(2) 동의도 분석에 사용되는 자료의 척도와 범주의 수에 따른 동의계수 유형

현장 연구에서는 단순 동의계수와 가중 동의계수가 유용하며, 학술 목적 연구에서는 우연 보정 동의계수와 우연 보정 가중 동의계수가 사용된다.

① 명명척도를 사용하는 경우

단순 동의계수	• 심사자 간 일치 비율을 나타내는 가장 간단한 지수 • 심사자 간 일치 또는 불일치 비율 차이가 큰 경우 유용 • 두 명 이상의 심사자가 평가한 결과의 일치성을 측정하는 방법으로 전체 평가 중 심사자가 일치한 빈도를 비율로 나타낸 것임 • (2 × 2) 분할표뿐만 아니라 (k × k) 분할표에도 적용할 수 있으며, 심사자들의 평가 결과와 분류 기준의 적절성을 비교할 수 있음
우연 보정 동의계수	• 우연한 일치 가능성을 고려하여 조정한 동의계수 명명척도에서 이항 범주를 사용할 경우, 우연한 일치로 인해 평가자 간의 동의계수가 과대 추정될 가능성이 높아 이를 보정하기 위해 카파지수(kappa coefficient)가 사용된다. 카파지수는 우연에 의해 기대되는 동의비율을 계산하여 실제 동의비율에서 제외한 값을 나타낸다. • Cohen의 카파가 널리 알려져 있지만, 분류 항목이 불균형할 경우 Gwet의 카파가 더 적절함 • 우연 보정 동의계수는 우연한 일치를 조정하는 방법에 따라 값이 달라짐

② 서열척도를 사용하는 경우

가중 동의계수	• 단순 동의계수에 부분 동의 비율을 추가하여 계산함 • 평가 결과가 일치하지 않더라도 서로 근접한 평가 수치의 유사성을 고려함 서열척도 자료에서 심사자들의 평가 수치가 서로 근접할 경우 부분 동의를 적용하여 계산되는 동의계수로 서열척도에서는 서로 근접한 평가 수치는 부분 동의 비율을 반영할 수 있으며, 이를 통해 가중 동의계수를 산출한다.

③ 동간척도 이상을 사용하는 경우

우연 보정 가중 동의계수	• 우연 일치 보정, 부분 동의, 양적 의미를 모두 고려한 동의계수 • Cohen의 가중 카파는 ICC 모형에서 산출되는 객관도 지수와 동일함 다수 심사자의 경우, 각 쌍의 동의계수들의 평균값을 사용할 수 있다. 자료 수집 전에 명확한 조작적 정의와 구체적인 평가 기준을 마련하는 것이 중요하다.

03 준거지향검사의 문제점

1. 자의성	개념	• 기준설정 과정에 평가자의 자의성 개입
	개선	• 과학적 방법의 기준설정 요망 • 충분한 경험과 지식을 갖춘 전문가 집단에 의한 기준 설정
2. 분류오류	개념	• 집단을 구분하는 기준점수가 단 하나 존재할 때 주로 발생
	개선	• 검사 반복 측정 • 2개 이상의 기준점 설정

02

04 준거 기준 체력검사에서 타당도, 신뢰도 확인 절차

1. 타당도 확인 절차

① 표본을 선정하여 준거검사와 현장 체력검사를 번갈아 실시한다.

② 준거검사 점수를 기준으로 건강이나 수행능력 관점에서 '충분히 적합'한지 여부로 분류한다.

③ 수검자의 현장 체력검사 점수를 기준으로 적합 여부를 분류한다.

④ 준거검사를 참조하여 현장 체력검사가 '충분히 적합'한 사례를 얼마나 정확하게 분류하는지 분할표(contingency table)를 작성하여 백분율을 확인하고 유관계수(contingency coefficient)를 계산한다.

⑤ 준거검사에 근거한 현장검사의 정확한 분류 정도의 추가적 해석에 필요한 통계치(파이 계수, 카이제곱검정, 민감도, 특이도)를 계산한다.

2. 신뢰도 확인 절차

① 수검자 표본을 대상으로 첫 번째 체력검사를 실시한다.

② 동일한 수검자 표본을 대상으로, 동일한 체력검사로 두 번째 체력검사를 실시한다.

③ 2회 체력검사 기록을 각각 '준거 기준'과 비교한다.

④ 2회 체력검사 기록을 준거 기준과 비교하여 건강이나 수행능력 관점에서 '충분히 적합' 또는 '불충분한 적합' 사례로 분류한다.

⑤ 2회 체력검사에서 유사하게 분류된 수검자의 백분율을 결정하기 위해 일치 비율을 계산한다.

⑥ 우연한 일치 정도를 반영하기 위해서 수정된 카파계수(modified Kappa)를 계산한다.

학교체육 측정과 평가

01 학교체육평가의 실태

1. 체육평가의 문제점

(1) 열악한 체육 환경과 교육과정	• 체육 시설 • 학교체육 여건에 맞지 않는 교육과정의 실행 • 학급당 학생 수 과다와 교사 1인당 수업 시수 과다
(2) 신뢰성과 타당성이 확보된 검사 도구와 평가 기준 부족	• 학교체육 현장에서는 실용성과 간편성 위주로 평가를 계획하고 실시 • 국가적 수준의 규준과 준거지향 기준 부족
(3) 평가 결과의 교육적 활용 부족	• 성적 산출과 보고를 위한 평가 주류 • 성적 산출을 위해 객관적이고 단순한 검사 실시
(4) 체육평가와 관련된 개념의 혼란	• 체육교과에 대한 전문성 부재 • 지필검사를 수행평가가 아닌 것으로 오해 • 새로운 평가방법 적용에 대한 소개 미약 • 평가방법 자체만을 강조
(5) 학습목표와 평가의 무연관	• 수업 시간에 가르친 내용과 관련성 미약 • '평가를 위한 평가'로 전락
(6) 지식평가 경시	• 평가문항 제작에 대한 전문지식 결여 • 이론교육의 부실로 체육교과의 지식평가는 암기 위주의 시험으로 전락 • 지식평가의 문항은 대부분 낮은 수준의 정신기능을 묻는 문항으로 구성
(7) 주관적 평가 회피	• 사전 교과협의와 실시간 협의 불충분 • 평가활동에 대한 편의성 추구 • 간단명료한 평가 근거 자료의 제시가 용이한 수량화된 객관적 도구 사용 선호 • 학급별 성적 차이 존재

(8) 체육평가 고려사항	• 성차를 고려한 실기평가 • 종목 간 차이에 따른 객관도 변화 • 평가자(평가교사)의 엄격성, 관대함, 비일관성 고려 • 교과타당도 확보 • 표현력과 미적 영역에 대한 평가도구 부재 • 체육교사의 수행평가에 대한 전문성 신장

2. 체육평가의 개선 방안

(1) 학교체육평가에 대한 철학적 입장 정립	• '어떻게 측정하고 평가하는가?' ⇨ '무엇을 측정하고 평가해야 하는가?' • 학습하는 과정 속에 평가 포함 • 상대평가보다는 절대평가 강조 • 진단평가와 형성평가 실시
(2) 체육목표와 교과과정에 부응하는 평가	• 평가 방식으로 피드백 제공 • 교육과정의 전반적인 영역 반영 • 인지적·정의적·심동적 영역 균형적 평가
(3) 평가에 대한 전문성 배양	
(4) 절대평가 기준 설정	
(5) 평가 결과의 다양한 활용	• 학습동기 유발 • 수업 개선 • 평가 과정과 결과를 학생과 학부모에게 공개
(6) 절대평가와 상대평가의 혼용	
(7) 학습자 중심의 평가	• 교사, 동료평가 및 자기평가 등 다양한 평가방법과 도구를 통한 종합적 평가 • 학생이 평가활동에 참여하는 과정으로 적극적인 학습 유도
(8) 다양한 평가	• 실기평가 • 포트폴리오 • 보고서 • 일지

02 체육과 교육목표 설정

1. 교육목표 단계	• 평가 프로그램 계획을 위한 교육목표 확인 • 수행력 반영의 구체적인 목표 수립 • 평가 목표 결정과 계획을 위한 체육과 협의회 구성 ♡ 교수·학습목표와 평가의 연계 체육은 모든 영역에 대한 평가 실시를 도모할 수 있도록 '가르친 내용과 관계 없는 평가', '평가의 객관성, 신뢰성, 타당성'이 결여된 평가를 지양해야 한다.
2. 행동목표 작성	• 수행 진술 • 성취수준 진술 • 실현 가능한 수준에서 학교 교육목표 내 선택한 진술

03 성적 부여 방법

1. 성적의 활용	(1) 학생 자신에 대한 정보 제공	• 학기말 성적으로 성취 수준에 대한 요약된 정보 제공 • 성적을 부여하는 과정은 바람직한 방향으로 학습 유도
	(2) 성적에 대한 인식	• 성적은 학교와 부모 간 의사소통 방법으로 인식
	(3) 학생 상태에 대한 정보 제공	• 향후 교수법 개선과 수업내용에 대한 피드백 • 집단분류
2. 성적의 결정	(1) 심동적 영역	• 운동수행력 성취 • 체력 성취 수준 • 경기 기능 평가 • 운동수행 향상도
	(2) 인지적·정의적 영역	• 평가기준표 제시 • 스포츠맨십을 성적에 이용할 때 잘못된 행동에 대한 감점 전략 사용
3. 성적 부여 기준		• 교육목표 연계 • 타당도, 신뢰도, 객관도 확보 • 성적요인의 가중치는 수업 시간에 강조했던 정도와 관련
4. 성적 부여 방법	(1) 규준지향 검사	• 표준편차
		• 비율 • 규준
	(2) 준거지향 검사	• 수준별 기준 작성 • 합격-불합격 준거에 대한 사전 설정 • 성적 부여 방법

규준지향 검사 표:

등급	표준편차 범위	비율
A	평균 + 1.5s 이상	7%
B	평균 + 0.5s ~ 평균 + 1.4s 이상	24%
C	평균 - 0.5s ~ 평균 + 0.4s 이상	38%
D	평균 - 1.5s ~ 평균 - 0.4s 이상	24%
E	평균 - 1.5s 미만	7%

준거지향 검사 성적 부여 방법:

계약	일정 수준 이상의 능력을 발휘하였을 때 합격 판정에 대한 사전 약속
정답 비율	과거의 성적 기준으로 준거작성한 후 검사 문항에서 일정 비율 이상에 정답 했을 때 해당하는 등급 부여

05 수행평가

01 수행평가의 이해 2000년 2번 / 2003년 14번 / 2005년 23번 / 2007년 21번 / 2011년 35번 / 2019년 B 8번

1. 등장배경

(1) 사회적 요구	• 기존 교육평가의 문제점 및 부작용, 교육계 내부의 변화 대응, 새로운 학습이론 등장, 사회적 요구에 대한 부응
(2) 기존 평가의 문제점	• 고차적인 정신기능 측정 불가능, 학습의 결과 중시, 열악한 교육환경 • 신뢰성과 객관성에 대한 과도한 강조
(3) 기존 교육평가의 문제점 보완과 평가 기능의 정상화	
(4) 구성주의 반영	
(5) 교육프로그램 평가와 교육심리측정의 변화	• 맥락에서 학생들에게 의미 있는 학습활동 보장 • 표준화 검사의 문제점 지양 • 교육의 질 개선 • 교사의 책무성에 대한 사회적 요구

2. 수행평가의 개념

(1) 수행	• 학습활동을 수행하는 과정, 학습활동을 통해 산출된 결과를 포함하는 개념 • 수행평가란 실제적 수행과정에서 나타나는 지식, 기능, 태도에 대해 전문가적인 견해로 판단하는 평가방법
(2) 평가 본질 구현에 따른 구분	<table><tr><th>평가방법</th><th>구분</th></tr><tr><td>• 실제 상황에서의 평가 • 실기평가, 실습, 관찰 • 면접법, 구두시험, 토론법 • 자기평가, 동료평가 • 포트폴리오 • 연구보고서 • 논술형 • 서술형</td><td>일반적으로 수행평가방법들로 여겨짐 (상단으로 갈수록 수행평가 본질 구현)</td></tr><tr><td>• 단답형 • 괄호완성형 • 선다형 • 줄긋기 연결형 • 진위형</td><td>일반적으로 수행평가방법에 포함시키지 않음(하단으로 갈수록 수행평가 본질 구현과 거리가 먼 방법으로 간주)</td></tr></table>
(3) 수행평가 실시상의 문제	• 평가 원리 구현의 복잡성 • 수행평가와 실기평가 관계에 대한 편견 • 방법 지상주의

3. 수행평가 방안

(1) 수행평가적 실기평가	① 유사 용어	• 대안평가 • 실제상황평가 • 질적평가	• 실제평가 • 과정중심평가 • 포트폴리오평가
	② '실제성'	• 학습목표, 교수·학습, 평가의 맥락(일관성 유지)의 실제성 • 외형상으로는 실기평가이나 '실제성' 내용평가	
	③ 특징	• 학습과정과 결과의 동시평가 • 의미중심평가 • 고등기능평가 • 지속성 • 피드백 • 학생 노력 반영	
(2) 수행평가의 양호도	① 수행평가 타당도의 관점	교수 타당화	• 수업목표의 반영을 위한 교사 계획과 수업 목표 달성
		구인 타당화	• 교사 계획과 수행과제 일치
		내적 타당화	• 교사가 계획한 수행과제와 의도한 정신기능 일치
	② 수행평가 신뢰도	• 검사자 간 평가 일치 확보 요구 • 평정척도 객관성 최대 확보 • 평가 기준에 대한 충분한 사전 협의	

4. 경기수행력 평가도구 중 게임중심실제성평가(GOAA)

구분	평가요소	내용
공 소유 방법	공을 빼앗는 것 (Conquering the Ball : CB)	• 상대방의 공을 가로챌 경우 • 슛한 공이 튀어나왔을 때 잡은 경우 • 패스나 슛한 공이 상대방 근처에 있을 때 잡은 경우
	공을 받는 것 (Receiving the Ball : RB)	• 동료로부터 패스된 공을 받아 곧바로 상대방에게 뺏기지 않을 경우
공 처리 방법	중립 상태의 패스 (playing a Neutral Ball : NB)	• 상대방에게 위협적이지는 않지만, 동료에게 안정적으로 전달되는 전형적인 패스를 할 경우
	공을 뺏기는 것 (Losing the Ball : LB)	• 상대방에게 공을 빼앗기는 경우
	공격적인 패스 (playing an Offensive Ball : OB)	• 상대방에게 압박을 가하는 패스나 골을 이끌어내는 패스를 할 경우
	공격적인 슛 (executing a Successful Shot : SS)	• 득점을 한 경우나 슛한 후에도 동료가 공을 가지게 되는 경우

ⓥ GOAA 측정기록지의 예

관찰자 : _____   선수 번호 : _____

CB	RB	NB	LB	OB	SS
	×	×			
	×				×
	×		×		
×		×			
	×				×
	×	×			
×					
			×		

CB : 공을 빼앗는 것, RB : 공을 받는 것, NB : 중립 패스,
LB : 공을 뺏기는 것, OB : 공격적인 패스, SS : 성공적인 슛

- 공격적활동횟수(the number of Attack Balls : AB) = OB + SS
- 경기활동량(the Volume of Play : VB) = CB + RB
- 효율성지수(Efficiency Index : EI) = (CB + AB) / (10 + LB) 또는 (CB + OB + SS) / (10 + LB)
- 수행력점수(Performance Score : PS) = (효율성지수 × 10) + (경기활동량 / 2)

① 공격적활동 횟수는 공격적인 패스와 성공적인 슛 횟수를 합한 것으로 공격에 대한 공헌도를 나타낸다.
② 경기활동량은 선수가 공을 소유하는 횟수로 선수가 팀의 공격 효율성에 기여하는 정도를 나타낸다.
③ 효율성지수는 공을 빼앗긴 횟수에 비해 공격적인 활동과 패스를 얼마나 많이 수행했는지에 대한 비율을 의미한다.

06 검사구성의 원리

Chapter 06

01 심동적 영역 검사의 구성

1. 운동기능검사의 구성	(1) 1가지 운동기능검사로 1가지 기능만 측정	• 축구 드리블 기능검사에 지구력 요소 포함 제거 • 한 종목에 대한 필수 요소 3~4가지 정도 측정
	(2) 측정의 일관성과 객관성 유지	
	(3) 시설, 도구, 시험 장소, 시간, 경제성 등을 고려하여 실시	
2. 체력검사장 시행	(1) 준비	• 학생에게 검사방법에 대한 이해 제공 • 검사 시행 준비 　- 적합한 복장 　- 검사에 적합한 운동화 　- 검사종목에 맞는 시설과 적절한 시기에 기구 설치
	(2) 검사 자료의 분석	• 동기 부여와 피드백 제공 • 전문가와 컴퓨터 이용
	(3) 검사 시행 수의 결정	• 연습 및 학습효과 제거 • 검사 전 적절한 연습 시간 제공 • 피로 효과 고려
	(4) 규준의 이용	

02 인지적 영역 검사의 구성 2011년 38번 / 2018년 A 8번 / 2020년 A 3번 / 2022년 A 11번

1. 검사 절차

(1) 검사 계획	• 내용 타당도의 충분한 고려 • 이원 목적 분류표 작성		
(2) 검사문항의 구성	• 내용 영역, 문항 종류와 수, 문항난이도 결정 • 문항 간 독립성 유지 • 쉬운 문항부터 제시		
(3) 검사의 시행			
(4) 문항 분석	① 문항 난이도	• 문항에 정확하게 응답한 학생 비율 • 문항이 쉬우면 문항난이도 증가 $$\text{난이도}(P) = \frac{\text{정답에 응답한 학생 수}}{\text{문항에 응답한 총학생 수}}$$ • 규준지향검사는 약 50% 문항난이도가 적절하며 준거지향검사는 최소 80~95% 문항난이도가 적절하다.	
	② 문항 변별도	• 문항이 우수한 학생과 우수하지 못한 학생을 구별하는 정도 반영 • 음$(-)$의 변별도 값은 하위 학생 정답 비율이 높음을 의미 $$\text{변별도} = \frac{\text{상위집단에서 문항에 정확하게 응답한 학생 수} - \text{하위집단에서 문항에 정확하게 응답한 학생 수}}{\text{한 집단의 학생수}}$$	
	③ 반응 수준	• 적절한 오답의 매력 내포 • 상위 집단과 하위 집단의 부적절한 반응 패턴 고려	
(5) 문항 수정			

2. 문항반응이론

(1) 등장배경과 기본가정

구분	고전검사이론	문항반응이론
① 등장배경	고전검사이론에서 피험자 집단에 따른 문항난이도, 문항변별도 변화로 대두	
모형	선형	비선형
수준	검사	문항
가정	약함	강함
능력추정	검사점수 혹은 추정된 진점수	능력모수 혹은 이것의 변형
문항과 능력모수치의 불변성	불변적 특성 없음. 문항과 능력모수치가 표집에 따라 달라짐	문항모수와 능력모수 모두 불변적 특성이 있음
문항통계치	문항정답률, 문항변별도, 문항추측도	문항난이도, 문항변별도, 문항추측도
표본의 크기	200~500 정도	모형에 따라 다르지만 일반적으로 500 이상 필요

② 기본가정

㉠ 문항반응이론은 각 문항마다 고유한 문항특성곡선에 의하여 문항을 분석함

문항특성 불변성	집단과 관계없이 동일한 문항난이도, 문항변별도, 문항추측도가 획득됨
피험자능력 불변성	피검자의 능력은 어떤 검사나 문항을 택하건 고유한 능력수준으로 나타남

㉡ 검사가 측정하는 내용은 하나의 특성이어야 함
㉢ 문항에 대한 응답은 다른 문항의 응답에 영향을 주지 않으므로 문항 간 맞힐 확률은 상호 독립적임

(2) 문항특성곡선에 의한 문항분석

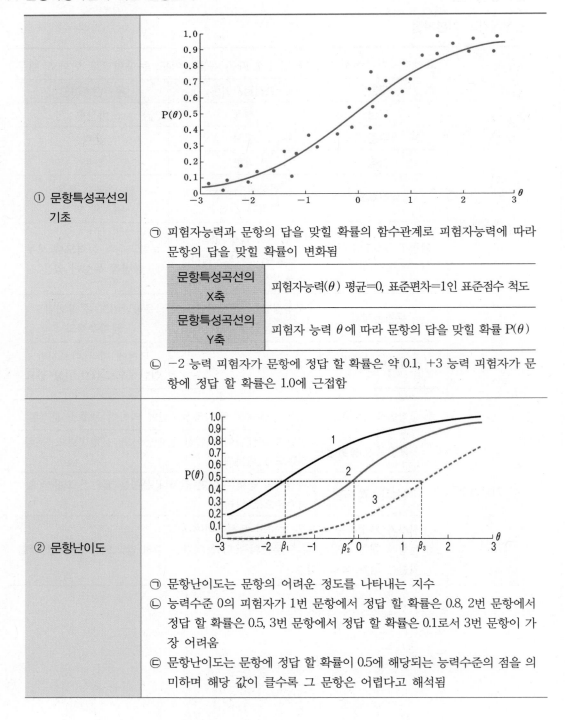

① 문항특성곡선의 기초	㉠ 피험자능력과 문항의 답을 맞힐 확률의 함수관계로 피험자능력에 따라 문항의 답을 맞힐 확률이 변화됨

문항특성곡선의 X축	피험자능력(θ) 평균=0, 표준편차=1인 표준점수 척도
문항특성곡선의 Y축	피험자 능력 θ에 따라 문항의 답을 맞힐 확률 $P(\theta)$

㉡ −2 능력 피험자가 문항에 정답 할 확률은 약 0.1, +3 능력 피험자가 문항에 정답 할 확률은 1.0에 근접함

② 문항난이도	㉠ 문항난이도는 문항의 어려운 정도를 나타내는 지수 ㉡ 능력수준 0의 피험자가 1번 문항에서 정답 할 확률은 0.8, 2번 문항에서 정답 할 확률은 0.5, 3번 문항에서 정답 할 확률은 0.1로서 3번 문항이 가장 어려움 ㉢ 문항난이도는 문항에 정답 할 확률이 0.5에 해당되는 능력수준의 점을 의미하며 해당 값이 클수록 그 문항은 어렵다고 해석됨

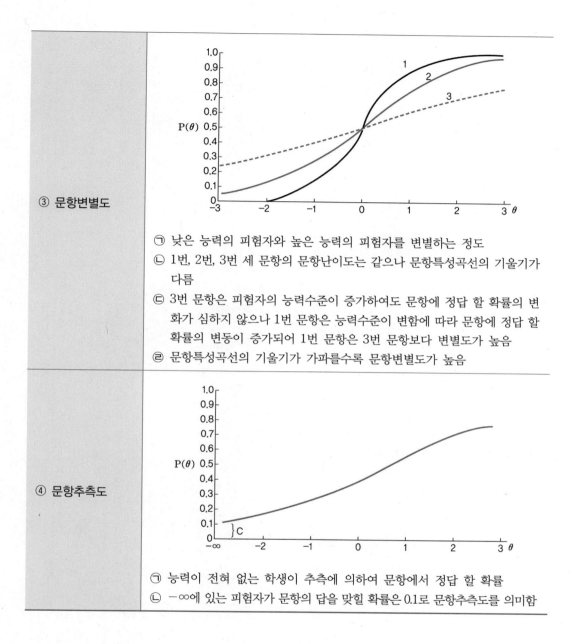

③ 문항변별도	

㉠ 낮은 능력의 피험자와 높은 능력의 피험자를 변별하는 정도

㉡ 1번, 2번, 3번 세 문항의 문항난이도는 같으나 문항특성곡선의 기울기가 다름

㉢ 3번 문항은 피험자의 능력수준이 증가하여도 문항에 정답 할 확률의 변화가 심하지 않으나 1번 문항은 능력수준이 변함에 따라 문항에 정답 할 확률의 변동이 증가되어 1번 문항은 3번 문항보다 변별도가 높음

㉣ 문항특성곡선의 기울기가 가파를수록 문항변별도가 높음

④ 문항추측도	

㉠ 능력이 전혀 없는 학생이 추측에 의하여 문항에서 정답 할 확률

㉡ −∞에 있는 피험자가 문항의 답을 맞힐 확률은 0.1로 문항추측도를 의미함

권운성 ZOOM 전공체육

측정통계평가

용어 정리

용어 정리

χ^2 검정 ⊕

종속변수가 명명척도 또는 서열척도일 때 모집단 간의 차이 또는 변수 간의 관계를 알아보기 위해 사용되는 분석방법

Φ 계수 ⊕

두 변수 모두 이분변수일 때의 상관계수

Cronbach's 알파(알파신뢰도) (alpha reliability) ⊕

intraclass reliability 참고

Net D ⊕

중립 및 잘못된 판별이 제거된 후 남아있는 양호한 판별 비율을 나타내는 필기검사 항목에 대한 차별 지수

t검정 ⊕

모집단의 표준편차 σ를 알지 못할 때 표본의 표준편차인 S를 사용하여 두 집단 이하의 평균을 비교하는 분석방법

가설 ⊕

연구에서 제기된 연구문제에 대한 잠정적인 해답이나 결론 또는 변수 간의 관계에 대해 잠정적으로 내린 추측이나 결론에 대해 평서문으로 제시한 것으로, 최소 두 변인 사이의 관계를 설명함

가설검정 ⊕

표본의 자료에 근거하여 연구에서 설정한 가설을 확률적으로 판단하는 과정

간접 관계(indirect relationship) ⊕

역관계(inverse relationship) 참조

객관도(objectivity) ⊕

동등하게 시험 점수를 매기는 둘 이상의 평가자의 능력

검사(test) ⊕

특정 측정을 수행하는 데 사용되는 측정 도구
예 지필검사, 성능검사 또는 기타 다양한 측정 도구

검정통계량 ⊕

가설검정에서 영가설 기각 여부를 결정하기 위한 통계값

결정계수(coefficient of determination) ⊕

변수 Y의 전체 분산(S_Y^2) 중에서 변수 X로 예측할 수 있는 Y의 분산 비율로, 두 변인 간에 공통적으로 나타나는 변동의 척도. 백분율로 해석하면 상관관계 (r)의 제곱

공분산 ⊕

두 변수가 동시에 변하는 정도, 즉 한 변수가 얼마만큼 변할 때 다른 변수가 얼마만큼 변하는지를 나타내는 지수

공분산분석 ⊕

종속변수에 영향을 미치는 외재변수의 효과를 회귀분석방법을 이용하여 통계적으로 통제한 후 독립변수가 종속변수에 미치는 영향을 분석하는 통계적 방법

공인타당도(concurrent validity) ⊕

하나의 검사(대용 측정)와 두 개의 측정값이 상대적으로 가까운 시기에 측정될 때의 평균 사이의 관계로 시험과 기준 사이의 Pearson product-moment(PPM) 상관계수에 근거함

공정성(fairness) ⊕

모든 참가자가 자신의 역량을 최대한 발휘할 수 있는 동등한 기회를 제공하는 편향성의 부재를 의미하는 평가 특성

공차한계 ⊕

중다회귀분석에 포함된 한 독립변수가 다른 독립변수들에 의해서 설명되지 않는 정도로 $1 - R_i^2$로 계산

과정 기준(process criteria) ⊕

성과의 품질 또는 학생의 과제 수행 방식을 평가하는데 사용되는 표준

과제별 채점기준표(task-specific rubric) ⊕

단일 평가 작업을 위해 특별히 작성된 규칙. 세부 기준은 해당 평가만 측정하기 위해 작성됨

관계(relationship) ⊕

둘 이상의 변인 간 통계 연관성

관련성(relevance) ⊕

측정의 목적과 관련된 검사의 정도

관측점수(observed score) ⊕

시험에서의 점수. 관찰된 점수는 사람의 참 점수와 오류 점수의 합계

귀무가설(null hypothesis) ⊕

변인 X(독립변인)와 Y(종속변인) 사이에 관계가 없음을 나타내는 진술

구인타당도(construct-related validity) ⊕

총체적으로 볼 때 측정되는 이론적 구성물의 존재에 대한 증거를 추가하는 다양한 통계 정보의 수집을 통해 타당성의 논리적 및 통계적 증거를 결합

규준지향체력기준(norm-referenced fitness standard) ⊕

모든 남성 또는 여성과 같이 명확하게 정의된 하위 그룹과 관련한 성과 수준

구형성 가정 ⊕

반복 측정된 자료들의 시차에 따른 분산이 동일하다는 가정

급간신뢰도(interclass reliability) ⊕

Pearson의 product-moment 상관계수로 계산된 신뢰성 계수

국외자 ⊕

자료 중 일부가 다른 자료의 분포에서 멀리 떨어져 있는 극단적인 점수

급내신뢰도(intraclass reliability) ⊕

ANOVA를 기반으로 하는 내부 일관성 신뢰성 유형으로, 시행이 무제한일 수 있음. alpha, KR20 및 KR21은 내부 신뢰도 추정치

군집표집 ⊕

집락표집이라고도 하며, 모집단에서 일정 수의 군집을 추출한 다음 표집된 군집에서 단순무선표집으로 표본을 추출하는 표집방법

기대빈도 ⊕

χ^2 검정에서 이론적으로 기대되는 빈도

기술(skill)

사람이 가진 능력을 기반으로 한 학습된 특성

단순 선형 예측(simple linear prediction)

하나의 변인(X)을 사용하여 기준(Y)을 예측

기술통계(descriptive statistics)

데이터를 구성, 요약 및 설명하는 데 사용되는 수학으로 자료들을 단순히 서술 또는 기술하는 통계

단순무선표집

모집단의 모든 구성원들이 표본에 추출될 확률이 같고, 하나의 구성원이 추출되는 사건이 다른 구성원이 추출되는 것에 영향을 주지 않는 독립적인 표집방법

기준 오류(standard error)

동일한 성능의 평가자가 적용한 평가 기준의 차이로 인한 평가 척도 오류의 유형, 다른 기준을 가진 다양한 평가자의 결과

단순회귀분석

두 변수 간의 관계에 근거하여 한 변수에서 다른 변수의 값을 예언하기 위해 회귀계수를 구하고 회귀계수가 통계적으로 유의미한지를 분석하는 통계방법

난이도지수(index of difficulty)

시험 항목에 정확하게 응답하는 수험생의 비율을 추정하는 수학적 표현

대립가설

영가설과 반대되는 가설로 가설검정 결과 영가설이 거짓일 때 참이 되는 가설. 대립가설은 둘 또는 그 이상의 모수치 간에 '차이가 있다.', '관계가 있다.', '효과가 있다.' 등으로 진술하는 가설

내용타당도(content-related validity)

논리적인 의사 결정 및 해석에 기반한 진실성의 증거로 안면 타당성 또는 논리적 타당성이라고도 함

다중공선성

중다회귀분석에서 독립변수들 간에 높은 상관관계가 나타나는 현상

대안평가(alternative assessment)

기존의 표준화된 검사와는 다른 평가 기법. 실제상황평가(authentic as-sessment)라고도 함

대응표본 t검정 ⊕

종속변수가 양적 변수이고, 두 표본이 종속적일 경우 두 표본의 종속변수에 대한 평균의 차이를 분석하기 위하여 사용하는 통계방법

더미변수 ⊕

독립변수가 범주변수일 때 각 범주의 값을 0과 1로 코딩하여 연속변수로 변환한 변수

독립변수 ⊕

실험연구에서 연구자에 의하여 조작된 처치변수로 종속변수에 영향을 미치는 변수

독립변인(independent variable) ⊕

종속변인과 관련된 변인으로, 종종 예측변인(X)으로 사용됨

독립성 검정 ⊕

두 변수가 통계적으로 관련이 있는지를 검정하기 위해 한 모집단에서 하나의 표본을 추출하여 둘 이상의 범주로 분류하여 두 변수 간에 관련이 있는지를 검정하는 방법

독립표본 t검정 ⊕

두 모집단에서 독립적으로 추출된 표본 평균의 차이를 이용하여 두 모집단 평균의 차이를 분석하기 위하여 사용하는 통계방법

동질성 검정 ⊕

여러 모집단에서 각각의 표본을 추출한 다음 한 변수에 대한 표본의 비율이 차이가 있는지를 검정하는 방법으로, 특정 변수에 대한 모집단의 속성이 유사한가를 검정하는 방법

등간척도 ⊕

측정치 사이의 크기나 간격이 같은 척도

등분산성 ⊕

독립변수의 각 값에서 종속변수의 분산이 같은 특성

등위상관계수 ⊕

두 변수가 서열척도에 의해 측정된 비연속적인 양적 변수일 때 사용하는 상관계수

매개변수

조사연구에서 독립변수와 종속변수 간의 인과관계를 연결해 주는 변수

매개효과

종속변수에 미치는 효과를 매개변수가 매개하는 효과

명명척도

대상이나 특성을 구분하거나 분류하기 위해 대상이나 특성 대신에 수치를 부여하는 척도

모수(parameter)

관심 집단의 측정값 예 모집단 평균

모수치

모집단이 지니고 있는 속성 또는 특성

모수통계

모집단의 모수에 대한 영가설을 검정하기 위한 추리통계방법으로 종속변수의 측정 수준이 동간척도 혹은 비율척도이며, 정규분포와 등분산성과 같은 가정이 충족되는 경우 표본의 통계치를 분석하여 모집단의 모수치를 추론하는 통계방법

모집단(population)

연구 결과가 추론되는 대상 집단 또는 관찰로 연구의 대상이 되는 전체 집단

목적표집

의도적 표집이라고도 하며, 연구의 목적을 위하여 연구자가 의도적으로 표집하는 방법

무상관

한 변수의 값의 증가 또는 감소가 다른 변수의 값의 증감과 관계가 없는 상관

무선배치 분산분석

실험연구에서 각 피험자가 처치조건에 무선으로 배치되고 피험자들이 한 가지 실험처치만을 받고 실험처치가 다른 집단 간 평균의 차이를 검정할 때 사용되는 통계적 방법

문항 분석(item analysis)

지필검사에서 개별 항목의 품질(예 난이도 및 변별)을 조사하기 위해 사용되는 규정된 프로세스

반복수행검사(repetitive-performance test)

지정된 기간(예 발리닝) 동안 활동을 지속적으로 수행하는 기술 검사

부록 용어 정리 135

반복측정 분산분석 ⊕

실험연구에서 동일한 피험자들이 여러 실험처치에 반복적으로 노출되어 반복측정된 자료들의 평균 차이를 비교할 때 사용되는 통계적 방법

발달적 채점기준표(developmental rubric) ⊕

초보자 수준에서 전문가 수준까지 모든 수준의 성과를 판단하는 데 사용되는 시스템

방향가설 ⊕

차이의 방향을 제시한 가설

백분위(percentile) ⊕

주어진 점수 이하에서 발생하는 관측의 백분율

범위 ⊕

최곳값에서 최젓값을 뺀 값

범위(range) ⊕

가장 높은 점수에서 가장 낮은 점수를 빼서 얻은 변동성의 측정값

범주변수 ⊕

데이터 집합의 점수 분포 또는 분산은 모든 점수가 정확히 같지 않다는 사실의 결과로, 독립변수가 성별 등과 같은 명명척도나 등급이나 수준 등과 같은 서열척도로 측정된 변수

변수 ⊕

여러 가지 다른 값을 가지는 연구대상의 특성

부분상관 ⊕

제3의 변수의 영향을 통제한 두 변수 간의 상관관계

부적 상관(negative corelation) ⊕

한 변인의 높은 점수가 다른 변인의 낮은 점수와 연관되고 낮은 점수가 높은 점수와 관련되는 상관 관계. 간접 또는 역 상관이라고도 함

부적 편포 ⊕

왼쪽으로 길게 꼬리가 뻗어 있는 분포

분별점수(eutoff scores) ⊕

식별 가능한 그룹 또는 성과 수준을 확립하는 점수. 일반적으로 기준 참조검사와 함께 사용됨

분산(variance: s) ⊕

변동성의 척도로, 평균으로부터 각 점수의 평균 제곱 편차에 기초한 점수 집합의 확산 측정. 각 값으로부터 평균을 뺀 점수를 편차 또는 편차 점수라고 하며 편차를 제곱한 후 모두 더하여 총 사례수로 나눈 값

분산도 ⊕

자료가 흩어져 있는 정도

분산분석 ⊕

세 집단 이상의 평균의 차이를 검정하기 위해 Ronald A. Fisher에 의해 개발된 통계적 방법으로 집단 간 평균이 통계적으로 유의미한 차이가 있는지를 분석하기 위해 분산을 사용하기 때문에 분산분석이라고 함

분석적 채점기준표(analytic rubrics) ⊕

과제의 완료 또는 수행에 중요한 특성 또는 특성을 열거한 평가에 점수를 부여한 다음, 평가자가 이러한 특성이나 특성이 충족되는 정도를 평가할 수 있는 기회를 제공하는 방법

분할표(contingency table) ⊕

두 개의 명목상의 변인을 상호 참조하는 데 사용되는 표

분할표의 주변(marginal) ⊕

분할표의 특정 행 또는 열에 걸친 관측치의 합계

불편파추정치 ⊕

분모에 n 대신에 $n-1$을 사용하여 표본의 분산을 계산한 모집단의 분산과 비슷한 값으로 모수치에 가깝고 양호한 추정치

비모수통계 ⊕

모집단의 모수치에 대한 가정이 필요 없는 방법으로 종속변수의 측정 수준이 명명척도 혹은 서열척도이며, 정규분포와 등분산성이 제대로 충족되지 않을 때 사용

비방향가설 ⊕

차이의 유무만 진술하며, 차이의 방향은 제시하지 않는 가설

비연속변수 ⊕

주어진 범위 내에서 특정한 값이 정수만 가질 수 있는 변수

비율척도 ⊕

서열척도의 서열성, 등간척도의 등간성뿐만 아니라 비율성과 절대 영점을 가지고 있는 척도

비확률적 표집 ⊕

확률을 고려하지 않고 연구자의 주관적 판단에 의해 임의로 표본을 추출하는 방법

부록 용어 정리 137

빈도분포(frequency distribution) ⊕

관찰된 점수와 빈도의 목록

사후검정 ⊕

영가설이 기각되었을 경우, 어느 집단 간에 유의미한 평균의 차이가 있는지를 검정하는 통계적 방법

산포도(scatter plot) ⊕

두 변인 간의 관계 또는 상관관계를 그래픽으로 표현한 것으로 두 변수의 관계를 도표로 나타낸 것

상관계수(correlation coefficient: r) ⊕

두 변수 간의 상관관계의 정도를 나타내는 지수로, 한 변수가 변할 때 다른 변수가 변하는 정도 두 변인 간의 선형 관계의 지수로, 관계의 크기, 양 및 방향을 나타냄

상관분석 ⊕

두 변수 간의 관계를 나타내는 통계치인 상관계수를 산출하고, 산출한 상관계수의 통계적 유의성을 검정하여 그 결과를 해석하는 절차

상관비 ⊕

독립변수 X가 설명하는 종속변수 Y의 분산의 비율, 즉 총변화량 중 설명된 변화량의 비율로 결정계수라고도 함

상대 점수(relative scoring) ⊕

에세이 질문에 대한 답을 채점하는 방법으로 모든 답을 하나의 질문으로 읽고 적절한 정도에 따라 순서대로 문서를 정렬하는 것

상대 척도(relative scale) ⊕

특정 그룹의 다른 사람들과 비교하여 성과를 평가하는 것

상수 ⊕

변하지 않는 일정한 값을 가지는 연구대상의 특성

상태(state) ⊕

상황 변화와 관련된 심리적 속성

상호작용효과 ⊕

한 독립변수가 종속변수에 미치는 효과가 다른 독립변수의 범주나 수준에 따라 달라지는 현상을 상호작용이라고 하며, 상호작용에 의해 평균이 통계적으로 유의미한 차이가 있을 경우 상호작용효과가 있다고 함

서술적 가설 ⊕

연구자가 검정하고자 하는 영가설 또는 대립가설을 언어로 기술 또는 서술하는 가설

서열척도 ⊕

대상이나 특성의 상대적 서열이나 순위에 대한 정보를 갖고 있는 척도

선형 관계(linear relationship) ⊕

직선으로 가장 잘 묘사될 수 있는 두 변인 간의 연관성

선형성 ⊕

두 변수 간의 관계를 알아보기 위해 산포도를 그렸을 때 선형적인 관계, 즉 직선적인 관계를 가지는 성질이나 특성

설명된 편차 ⊕

회귀선에 의하여 결정된 값으로 $(Y_i' - \overline{Y})$을 의미

성격(personality) ⊕

개인의 독특한 심리적 특징의 전체

성취도검사(achievement test) ⊕

인지 영역에서, 피조사자가 지식의 일부를 이해하는 정도를 측정하는 검사

수행비(performance ratio) ⊕

대상(剛 체중, 속도) 간의 성과를 더 잘 비교하기 위해 성능 점수를 다른 척도로 나누는 것

수행준거(performance criteria) ⊕

성능 또는 제품을 판단하기 위한 표준

수행평가(performance-based assessment) ⊕

참가자가 자신의 지식이나 기술을 입증하는 제품이나 성과를 창출해야 하는 검사방법

숙달검사(mastery test) ⊕

인지 영역에서, 수험자가 규정된 기준 또는 기준을 충족시키기에 충분한 지식을 획득했는지 여부를 측정하기 위한 검사로 일반적으로 기준참조검사에 사용됨

스노우볼표집 ⊕

연구대상에 대한 사전정보가 거의 없어 소수의 표본을 표집한 후 이들로부터 소개를 받아 원하는 표본 수를 얻을 때까지 눈덩이를 굴리는 것과 같이 계속적으로 표본을 확대해 가는 방법

신뢰도(reliability) ⊕

동일한 특성에 대한 반복 측정이 동일한 조건에서 재현될 수 있는 정도, 즉 측정의 일관성

신뢰도지수(index of reliability) ⊕

관찰된 점수와 실제 점수 사이의 이론적 상관관계로 신뢰성 계수의 제곱근

부 록

안정성 신뢰도(stability reliability)

시간 경과에 따른 측정값의 일관성

양류상관계수

두 변수 중 한 변수는 이분변수이고, 나머지 한 변수가 연속변수일 때 두 변수의 상관계수

양분상관계수

두 변수 모두 연속변수였으나, 연구의 목적을 위해 연구자가 한 변수를 인위적으로 이분변수로 만들어 인위적 이분변수와 연속변수 간의 상관계수

양적 변수

속성을 수치로 나타낼 수 있는 변수로 양을 나타내기 위해 수량으로 표시하는 변수

역전 관계(inverse relationship)

한 변인의 높은 점수가 다른 변인에서는 낮은 점수와 관련되어지는 두 변인들 사이의 부정적인 관계. 마찬가지로 한 변인의 낮은 점수는 다른 변인의 높은 점수와 관련이 있음

연구

체계적이고 과학적인 방법을 이용하여 문제를 해결하는 과정

연구 가설(research hypothesis)

독립변인(X)와 종속변인(Y) 간의 관계에 대한 연구자의 가설로 연구자가 연구에서 주장하고자 하는, 연구자의 의도가 포함된 가설

연구문제

연구주제를 분명하고 구체적으로 파악하도록 둘 또는 그 이상의 변수 간의 관계에 대해 의문문 형식으로 제시한 것

연속변수

주어진 범위 내에서 어떠한 값도 가질 수 있는 변수

영가설

귀무가설이라고도 하며 둘 또는 그 이상의 모수치 간에 '차이가 없다.', '관계가 없다.', '효과가 없다.' 등으로 진술하는 가설

영상관(zero correlation: r=0)

두 변인 사이에 선형 관계가 없다는 표시

예측(predict)

하나 이상의 다른 변인에서 변인 하나의 값을 추정하는 기능

예측변수

다른 변수에 영향을 주는 변수인 독립변수의 다른 이름

예측타당도(predictive validity)

시험(대리 측정)과 기준이 미래에 측정될 때 기준 사이의 관계, 이 값은 검정과 기준 사이의 상관계수를 기반으로 함

오차점수(error score)

개인차를 부정확하게 추정하는 데 기여하지만 관측은 불가능한, 이론적으로 존재하는 점수

왜도(skewness)

정규분포를 벗어난 정도, 즉 분포의 비대칭 정도를 나타내는 통계량으로 대칭성 부족을 나타내는 분포의 모양

요인 분석(Factor analysis)

측정된 변인에서 관찰되지 않은 차원(요인)을 설명하기 위해 상관 기술을 사용하는 통계적 방법

요인 설계

독립변수가 2개일 경우 이원분산분석, 3개 이상인 경우 다원분산분석이라고 하며 이들을 요인 설계라고 함

유의도(significance)

true(알파)일 때 귀무가설을 기각할 확률

유의수준

영가설이 참일 때 영가설을 기각하고 대립가설을 채택하는 확률, 즉 제1종 오류를 범할 확률

유의확률

표집분포에서 검정통계량의 바깥 부분의 넓이, 즉 영가설 기각역의 면적

유층표집

층화표집이라고도 하며, 모집단 안에 동일성을 갖는 여러 개의 하부집단이 있다고 가정할 때 모집단을 속성에 따라 계층으로 구분하고 각 계층에서 단순무선표집을 하는 표집 방법

이원분류표(table of specifications)

내용 목표와 교육 목표의 각 조합을 다루는 검사 항목의 비율을 나타내는 지필검사의 청사진

이원분산분석

독립변수가 2개이고 종속변수가 1개이며, 세 집단 이상의 평균의 차이를 검정하기 위한 통계적 방법

일반화 ⊕

표본을 대상으로 조사한 결과를 모집단의 결과로 추정하는 절차

적률상관계수 ⊕

등간척도 또는 비율척도에 의해 측정된 두 변수 간 상관의 정도를 나타낸 것

일원분산분석 ⊕

독립변수와 종속변수가 각각 1개이며, 세 집단 이상의 평균의 차이를 검정하기 위한 통계적 방법

적합도 검정 ⊕

변수의 수가 하나일 때 모집단에서 표본을 추출하여 관찰빈도와 기대빈도의 합치 여부를 검정하는 방법

일치도(proportion of agreement: P) ⊕

두 가지 측정 사이의 합의 비율

전수조사 ⊕

모집단 전체에 대한 조사

임계치 ⊕

표집분포에서 영가설의 기각역과 채택역을 구분하는 값

전체적 평정(global rating) ⊕

작업의 개별 구성요소를 평가하기보다는 전체적인 성능을 평가

자유도 ⊕

주어진 조건에서 독립적으로 자유롭게 변화할 수 있는 점수나 변수의 수

점검표(checklist) ⊕

전형적 특성의 이분법 등급

잔차 ⊕

표본 자료에서 회귀선의 예측값과 실제 관측값 간의 차이

정규분포(normal distribution) ⊕

평균을 중심으로 좌우대칭인 형태의 분포로 종 모양의 대칭 확률 분포

정규성

독립변수의 값에 관계없이 잔차가 정규분포를 이루는 특성

정량적(quantitative)

정밀한 측정, 일반적으로 수치

정량적 채점기준표(quantitative rubric)

평가할 성과의 품질을 나타내기 위해 숫자(수량)가 할당

정성적(qualitative)

지각적 측정, 일반적으로 텍스트 형식

정성적 채점기준표(qualitative rubric)

평가되는 성과에 대해 정성적 정보를 제공하는 서면 설명

정적상관

한 변수의 값이 증가할 때 다른 변수의 값도 같이 증가하는 상관

정적편포

오른쪽으로 길게 꼬리가 뻗어 있는 분포

정확도 기반 기술검사(accuracy-based skills test)

특정 영역이나 거리 및 정확도에 따라 물건(예 볼, 셔틀콕)을 서브하거나 던질 수 있는 능력을 평가하는 기술검사

제1종 오류

영가설이 참인데도 영가설을 기각하고 대립가설을 채택하는 오류를 의미하며, α로 표기

제2종 오류

대립가설이 참임에도 불구하고 대립가설을 기각하고 영가설을 채택하는 오류를 의미하며, β로 표기

조절변수(중재변수)

독립변수와 종속변수의 관계에 영향을 주는 제2의 독립변수로 독립변수와 종속변수 간 관계의 방향이나 강도에 영향을 미치는 변수

종속변수

실험연구에서 처치의 영향으로 변화되는 변수로 처치에 대한 효과를 평가하기 위해 관찰되는 변수

종속변인(dependent variable)

기준으로 사용하거나 예측하려는 변인(Y)으로 결과변인이라고도 함

주관적 평정(subjective rating)

강사가 개인적인 관찰을 기반으로 한 기술이나 수행에 대한 가치

주효과

독립변수가 종속변수에 미치는 개별적인 효과, 즉 한 독립변수가 다른 독립변수에 관계없이 종속변수에 미치는 효과

준거변수

독립변수에 의해 영향을 받는 변수인 종속변수의 다른 이름

준거지향검사(criterion-referenced test: CRT)

미리 결정된 특정 성능 또는 건강 표준을 갖춘 검사

준거지향기준(criterion-referenced standard)

미리 정해진 특정 수준의 성취

준거타당도(criterion-related validity)

시험이 측정되는 특성과 통계적으로 관련이 있다는 증거로 통계적 타당성 및 상관 유효성이라고도 함

준부분상관

X_2에 대한 X_3의 영향을 통제한 후 X_1과 X_2의 상관

중다상관(multiple correlation)

하나의 결과(종속)변인과 다중 예측변인(독립변인) 간의 관계

중다회귀분석

두 개 이상의 독립변수들과 하나의 종속변수 간의 관계를 분석하는 것으로, 여러 개의 독립변수가 하나의 종속변수를 얼마나 예측하고 설명하는지를 분석하는 통계방법

중심경향값

자료의 중심에 해당되는 특정한 값

중앙값

자료를 크기에 따라 오름차순이나 내림차순으로 배열하였을 때 중앙에 위치하는 측정치로 자료를 상하 50%로 나누는 점수

직접효과

매개효과 모형에서 매개변수가 있지만 매개변수를 거치지 않고 독립변수가 종속변수에 영향을 미치는 정도

진점수(true score) ⊕

관찰된 시험 점수에 기여하는 관측 불가능하지만 이론적으로 존재하는 점수. 개인 차이를 정확하게 추정하는 데 도움이 됨

질적 변수 ⊕

속성을 수치화할 수 없는 변수로 분류를 하기 위해 정의된 변수

집단 간 분산 ⊕

집단 간에 존재하는 분산

집단 내 분산 ⊕

처치집단 내에 존재하는 오차분산

집중경향오류(central-tendency error) ⊕

평가자가 극단적 점수를 할당하는 것을 주저하는 데에서 비롯한 등급 척도 오류 유형

집중경향치(central tendency) ⊕

점수 집합의 중심 근처에 있는 통계

참조항목 ⊕

더미변수는 0과 1의 값을 가지는데, 일반적으로 기준이 되는 범주를 의미하며 값을 0으로 함

참평가(authentic assessment) ⊕

실제성과 맥락에서 드러나는 의미를 제공하는 실제 환경에서 발생하도록 고안된 평가

척도 ⊕

측정 수준에 따라 각각 다른 정보를 갖고 있는데, 이러한 측정치들의 수리적 성질

첨도(kurtosis) ⊕

분포의 꼬리 부분의 길이와 중앙 부분의 뾰족한 정도에 대한 정보를 제공하는 통계량으로 분포가 얼마나 편평한지 또는 뾰족한지를 지정하는 분포의 모양

체계적 표집 ⊕

계통표집이라고도 하며, 모집단의 표집목록에서 일정한 간격을 두고 연구대상을 추출하는 표집방법

최빈값 ⊕

자료의 분포에서 도수 또는 빈도가 가장 높은 점수나 측정치

추리통계(inferential statistics) ⊕

작은 그룹(표본) 내에서 가설을 검사하여 큰 그룹(인구)을 추산하는 데 사용되는 통계로 표본에서 얻은 통계치를 가지고 모집단의 모수치를 추리 또는 추론하는 통계

추정의 표준오차(standard error of estimate: SEE) ⊕

X로부터 Y를 예측할 때의 오차 양으로 예측 오차의 표준편차 또한 표준오류(SE) 또는 표준오류예측(SEP)이라고 함

측정의 표준오차(standard error of measurement: SEM) ⊕

측정 오류의 결과로 사람의 관찰된 점수가 변동하는 정도를 반영한 값으로 표준편차와 같은 방식으로 해석하는 신뢰성 통계

층화군집표집 ⊕

모집단을 어떤 속성에 의하여 계층으로 구분한 후 표집단위를 개인이 아니라 집단으로 표집하는 방법으로 층화표집과 군집표집을 합쳐 놓은 방법

카파계수(kappa: κ) ⊕

우연히 조정되는 범주형 변인들 사이의 합의 또는 연관성의 척도

타당도(validity) ⊕

검사에서 진실성의 정도

통계적 가설 ⊕

서술적 가설을 어떤 기호나 수로 표현한 가설

통계적 검정력 ⊕

영가설이 참이 아닐 때 영가설을 기각하는 확률, 즉 대립가설이 참일 때 대립가설을 채택함으로써 올바른 결정을 내릴 확률

통계적 추론 ⊕

표본에서 얻은 통계치를 가지고 모집단의 속성을 추리하는 과정

통계치(statistic) ⊕

모집단의 모수치를 추정하기 위하여 모집단에서 추출된 표본의 속성으로 모집단 매개변인(예] 표본 평균)을 추정하기 위해 표본에서 계산된 숫자 값

특성(trait) ⊕

상대적으로 안정되고 공통적이며 일관된 심리적 속성

파이계수(phi coefficient) ⊕

이분법적으로 채점된 두 변인 사이의 피어슨 곱-순간 상관관계로 각 변인은 0 또는 1의 값을 취할 수 있음

판별지수(index of discrimination) ⊕

항목 분석에서 시험 항목이 특정 기준으로 분류된 수험생들을 얼마나 잘 구별하는지 추정하기 위해 사용되는 수학적 표현(일반적으로 시험점수 합계)

편의표집

우연적 표집이라고도 하며, 특별한 표집계획 없이 연구자가 임의대로 손쉽게 구할 수 있는 대상들 중에서 표집하는 방법

편차

각 값이 평균으로부터 떨어진 정도

편파추정치

분산을 계산할 때 분모에 n을 사용하여 표본의 분산을 계산하면 모집단의 분산보다 작게 추정되는 경향

평가(evaluation)

정보를 수집하고 그 의미를 판단하는 과정, 즉 측정된 것의 품질(예 검사 점수, 신체적 성능)에 대한 가치판단을 내리는 동적 의사결정 프로세스

평균

전체 측정치들의 합을 총 사례수로 나눈 값

포트폴리오(portfolio)

시간이 지남에 따라 조립되는 자신의 작품으로 체계적이고, 목적이 있으며, 의미 있는 컬렉션

표본(sample)

모집단의 어떤 특성을 추정하기 위하여 모집단을 대표하여 추출된 대상의 군집으로 과학적 연구가 수행되는 모집단의 하위 그룹

표본조사

모집단 내의 일부만을 조사하여 전체를 추정하는 조사

표준점수(standard score)

관측된 값을 주어진 평균과 표준편차를 가진 점수로 변환한 결과로 Z점수와 T점수가 표준점수임

표준편차(standard deviation)

분포의 모든 점수를 고려한 가변성의 선형 척도로 분산의 제곱근, 즉 편차를 모두 제곱한 후 합하여 총 사례수 N(표본의 경우 $n-1$)으로 나눈 값인 분산에 제곱근을 취한 값

표집

모집단에서 표본을 추출하는 과정 또는 그 행위

표집분포

가설검정에서 영가설 기각 여부를 결정하기 위해 사용하는 이론적인 확률분포

표집오차

표본의 특성인 통계치와 모집단의 특성인 모수치 간의 차이

피어슨 적률상관계수(Pearson product-moment cor-relation coefficient: PPM) (r) ⊕

상관계수(correlation coefficient) 참조. 계산된 Pearson Product-moment는 -1.00과 +1.00 사이에 존재

할당표집 ⊕

선택하고자 하는 표본의 집단별 분포를 미리 알고, 그에 맞추어 각 집단 내에서 할당된 수만큼의 표본을 임의로 추출하는 방법

행동목표(behavioral objectives) ⊕

성취를 위한 구체적인 측정 가능한 단계가 있는 목표

향상 기준(progress criteria) ⊕

교육과정 동안 학생의 향상 정도를 측정하는 데 사용되는 표준

형성평가(formative evaluation) ⊕

수업 중에 수행되는 평가로 교사와 학생들에게 피드백을 제공하여 학생들이 성과를 향상시키고 학습을 향상시킬 수 있도록 교육 또는 훈련 프로그램 중 (끝나지 않은 시점에) 수행된 평가

혼재변수(가외변수) ⊕

실험연구에서 독립변수가 아니면서 종속변수에 영향을 미치는 변수

확률적 표집 ⊕

모집단에 속해 있는 모든 단위 요소 또는 사례들이 표본으로 뽑힐 확률이 같도록 객관적으로 설계된 표집방법

회귀등식 ⊕

회귀선을 설명하는 등식으로 $Y' = aX + b$로 표기

회귀분석 ⊕

독립변수와 종속변수 간의 관계를 분석하여 독립변수가 종속변수에 미치는 영향력을 알아보거나, 독립변수의 변화에 따라 종속변수의 변화를 예측하기 위해 사용하는 통계적 분석방법

회귀선 ⊕

변수 X의 특정 값에 해당되는 수 Y의 값을 예측하기 위한 직선

획득빈도 ⊕

χ^2 검정에서 관찰된 빈도

후광 효과(halo effect) ⊕

긍정적인 편향성으로 점수를 높이는 경향으로 역작용을 하기도 함(부정적 편견으로 인한 점수의 하락)

참고문헌

REFERENCE

이기봉(2022). 체육측정평가 개정증보 2판. 레인보우북스

강상조(2015). 체육통계 개정판. 도서출판 21세기교육사

강상조(2006). 체육연구방법. 도서출판 21세기교육사

예종이(1996). 체육통계와 연구설계. 도서출판 태근

권은성
ZOOM 전공체육 　　　　측정통계평가

초판발행 | 2025. 3. 15. 　**2쇄발행** | 2025. 5. 2.

편저자 | 권은성　　**발행인** | 박 용

표지디자인 | 박문각 디자인팀　　**발행처** | (주)박문각출판

등록 | 2015년 4월 29일 제2019-000137호

주소 | 06654 서울특별시 서초구 효령로 283 서경 B/D

전화 | 교재 문의 (02)6466-7202, 동영상 문의 (02)6466-7201

저자와의
협의하에
인지생략

ISBN 979-11-7262-479-8 / ISBN 979-11-7262-475-0(세트)

정가 11,000원